차고
넘치는 삶

캐롤 메이홀 저

네비게이토 출판사

네비게이토 선교회는
국제적이며 복음적인 기독교 기관이다.
예수 그리스도께서는 자기를 따르는 자들에게
"너희는 가서 모든 족속으로 제자를 삼으라"
(마태복음 28:19)는 지상사명을 주셨다.
네비게이토 선교회는 세계 모든 국가에서
예수 그리스도의 일꾼들을 배가시켜
이 지상사명의 성취를 돕는 것을
근본 목표로 하고 있다.

네비게이토 출판사는
네비게이토 선교회의 문서 선교를 담당하고 있다.
본 출판사에서는 그리스도인의 영적 성장을 돕는
서적과 자료들을 출판하여,
그리스도인의 삶의 기초가 견고한
헌신된 제자로 성장하게 하고,
나아가 성숙한 인격과 지도력을 갖춘
일꾼이 되도록 돕고 있다.

FILLED TO OVERFLOWING

CAROLE MAYHALL

Translated by permission
Title originally published in English as
FILLED TO OVERFLOWING
by NavPress, a ministry of The Navigators.
ⓒ1984 by Carole Mayhall
Korean Copyright ⓒ1988
by Korea NavPress

사랑하는 주님,
주님께서는
여리고 도상의
소경에게 하신
질문을 제게 하셨습니다:
"내가 네게 무엇을 하여 주기를 원하느냐?"
나는 대답했습니다:
"짐을 키워 주십시오.
조이를 치료해 주십시오.
남편에게 지혜를 주십시오."
"얘야, 내가 질문한 건 그게 아니다.
내가 **너에게** 무엇을 하여 주기를 원하느냐?"
나는 잠시 멈추어 깊이 생각했습니다.
그리고 나서 이렇게 대답했습니다:
"주님, 저는 주님을 온전히 경험하기를 원합니다."
그러자 주님께서는 부드러운 목소리로 이렇게 속삭이셨습니다:
"그래. 나도 그것을 원한다."

차 례

저자 소개 ·· 9
머리말 ··· 11
1. 하나님을 바라봄 ································· 15
2. 위엣 것을 생각함 ······························· 27
3. 기쁨을 선택함 ···································· 41
4. 기쁨 안에서 자라 감 ·························· 55
5. 기쁨으로 충만함 ································· 67
6. 찬양으로 충만함 ································· 83
7. 웃음으로 충만함 ······························· 101
8. 믿음으로 충만함 ······························· 119
9. 화평으로 충만함 ······························· 137
10. 고난 중 하나님의 뜻 ······················ 151
11. 하나님의 뜻을 아는 지식으로 충만함 ······ 169
12. 의의 열매로 충만함 ························ 183
13. 빛으로 충만하고 소망으로 넘침 ········· 201
14. 하나님 자신으로 충만함 ··················· 219

저자 소개

캐롤 메이홀 여사는 널리 알려진 크리스천 작가입니다. 또한 전세계를 여행하며 제자의 도를 주제로 한 세미나와 수양회에서 여성들에게 말씀을 전하고 있기도 합니다.

캐롤은 휘튼 대학에서 기독교 교육학을 전공했습니다. 그녀는 남편 잭 메이홀과 함께 오랫동안 네비게이토 선교회에서 주님을 섬겨 오고 있으며, 현재 콜로라도스프링스에 살고 있습니다. 딸 린은 네비게이토 선교회의 간사인 팀 웨스트버그와 결혼하여 멕시코에 선교사로 가 있습니다.

캐롤 메이홀의 저서로는 다음과 같은 것들이 있습니다:

- 주여, 지혜를 가르치소서(1984, 네비게이토 출판사)
- 한 여인이 걸어온 제자의 길(1986, 네비게이토 출판사)
- 사랑 그 이상의 결혼(1988, 네비게이토 출판사, 남편과 공저)
- 잠잠하라 고요하라(1988, 네비게이토 출판사)
- 말: 해가 되는 말, 덕이 되는 말(1988, 네비게이토 출판사)

- 주여, 이 아픔을(1990, 네비게이토 출판사)
- 우리 부부는 너무 달라요(1993, 네비게이토 출판사, 남편과 공저)
- 하나님의 속삭임(1996, 네비게이토 출판사)

머리말

태평양 연안에 있는 U자형으로 된 어느 호텔. 암회색 발코니들이 모두 바다를 향해 병풍처럼 둘러 있고, 항구에는 요트와 돛단배들이 한가로이 떠 있었습니다. 아침 여섯 시. 이른 시각이었습니다. 새벽 하늘을 붉게 물들이며, 해가 막 바다 위로 고개를 내밀기 시작했습니다. 한 폭의 아름다운 파스텔화였습니다.

나는 발코니에서 이런 선교 여행의 기회를 주신 하나님께 감사와 찬양을 드리는 시간을 갖고 있었습니다. 아래를 내려다보니 왼편으로 여러 층 아래의 발코니에 한 여자가 나와 앉아 있는 것이 보였습니다. 속으로 반가웠습니다. "저 여자도 아름다운 해돋이 광경을 바라보며 창조주 하나님께 감사하고 있겠지" 하고 생각했습니다.

그런데 그 다음 순간 내 눈을 의심하였습니다. 나는 깜짝 놀라서 눈을 깜빡이고 다시 쳐다보았습니다. 그 여자는 이 아름다운 날 이렇게 이른 시각에 혼자서 카드놀이를 하고 있었습니다.

어쩌면 우리 두 사람은 이생에서 우리에게 주어진 두 가지 기본적인 선택을 반영하고 있다는 생각이 들었습니다. 하나님 이냐, 카드놀이냐? 창조주께 몰두하느냐, 피조물에게 몰두하느냐?

오늘날 세상이나 교회나 모두 이 카드놀이식의 메시지를 우리에게 퍼붓고 있습니다 - 넘버원을 추구하라, 자신의 권리를 주장하라, 부와 번영을 추구하라, 자기 중심적으로 생각하라 등등.

이런 사고 방식이 과연 바람직한 것인가? 나는 이런 사고 방식을 가지고 사는 사람들 중에서 행복한 사람들을 거의 보지 못했습니다. 그들은 늘 자기의 권리를 주장하며, 자기 만족을 추구하며, 자신의 필요에 몰두해 있으나, 그들의 길에는 늘 비가 내리고 먹구름이 끼어 있으며, 참된 만족과 행복에 이르지 못하고 있었습니다.

이 딜레마에 대한 답은 무엇인가? 하나님께서는 그 답을 주고 계십니다. 하나님께서는 우리가 무엇으로 충만해야 하며, 이것을 가로막는 것은 무엇이며, 이것을 어떻게 성취할 수 있는가를 말씀해 주셨습니다.

본서는 독자 여러분으로 하여금 생각하고 연구하고 기도하게 하려고 썼습니다. "하나님의 모든 충만하신 것"을 깊이 파고들어 갈 때 여러분의 마음은 기쁨과 놀람으로 가득 찰 것입니다. 자기 자신에게서 눈을 돌려 하나님을 바라볼 때 삶에서 참된 만족을 발견할 수 있습니다.

여러분이 지금 인생의 새벽에 살고 있든, 아침에 살고 있든, 오후 또는 저녁에 살고 있든, 영적인 의미에서 "카드놀이"를 하고 있어서는 안 될 것입니다. 여러분이 충만하신 하나님으로 차고 넘치는 삶을 살게 되기를 바랍니다.

14 차고 넘치는 삶

1
하나님을 바라봄

짤깍 하고 헤어 드라이어가 꺼졌습니다. 드라이어의 웅 하는 소리 때문에 또렷하게 들리지 않던 목소리들이 이제 분명하게 들렸습니다. 한 바탕 웃음의 물결이 내 주위에 일었습니다.

나는 어쩔 수 없이, 핵공격이 있을 경우에 어떻게 해야 하는가 하는 이야기를 듣지 않을 수 없었습니다. 세 여자가 이 문제를 놓고 열심히 이야기를 주고받고 있었습니다. 핵공격이 있게 되면 도망가려고 해봐야 쓸데없는 짓이라는 데에 모두 동의하고 있었습니다. 그러면, 어떻게 해야 하는가?

콜로라도스프링스에 살고 있는 사람들은 대부분, 핵공격이 있을 경우에 그 도시가 완전히 쑥밭이 될 것이라는 사실을 알고 있습니다. 근처에 있는 체이엔 산 밑에는 7마일 가량의 긴 터널이 있는데, 거기에 북아메리카 방공 사령부가 있기 때문입니다. 적의 핵미사일은 거기를 공격할 것이 분명합니다.

한 여자가 말했습니다: "저는 그것이 오면 잠자고 있을 거예요. 차라리 잠자다 죽겠어요. 사랑하는 이와 함께 말예요." 다른 두 여자가 웃으며, 좋은 생각이라고 맞장구쳤습니다.

그 옆에 있던 여자 - 평생토록 다이어트를 해야 할 사람이었습니다 - 가 한 말은 참으로 걸작이었습니다: "저는요, 냉장고에 맛있는 아이스크림을 잔뜩 넣어 두었다가, 경보가 울리면 냉장고로 달려가 꺼내 먹을 거예요. 그 밖에 보이는 것은 뭐든지 다 먹을 거예요."

모두들 큰 소리로 웃었습니다. 그러나, 그 웃음의 언저리에는 두려움이 깃들어 있었습니다. 나는 그들이 "만일 핵공격이 있게 되면"이라고 하지 않고, "그것이 올 때"라고 말하고 있는 것을 알아차렸습니다. 마치 미래가 피할 수 없는 운명으로 그들을 위협하고 있는 양 그들은 말하고 있었던 것입니다.

나는 헤어 드라이어 밑을 빠져 나와, 그들을 한 사람씩 꼭 껴안으며 이렇게 말해 주고 싶었습니다: "아주머니, 세계의 운명을 손에 쥐고 계신 분이 계십니다. 그분은 우리에게, '이땅이 없어지고, 산들이 바다로 던지울지라도 나는 너희 가운데 있다'고 약속하셨습니다. 그분의 이름은 예수님입니다."

일상의 대화를 통해서 우리의 관심의 초점이 무엇인지 드러나게 됩니다. 우리의 말과 행동을 통해서 우리의 사고방식, 우리의 마음 상태가 드러나는 것입니다. 어떤 문제에 대하여 우리가 어떤 태도를 취하고 있는가는 곧 우리의 시선이 어디로 향하고 있는가를 나타내 줍니다. 미장원에서 있었던 그 세 여자의 대화를 통해서 우리는 그들 속에 두려움과 좌절감과 불안이 있다는 것을 알 수 있습니다.

엘리자베스 엘리어트. 그녀는 남편과 4명의 선교사들을 잔인하게 살해한 바로 그 인디안 부족에게 복음을 전하기 위해 위험한 에콰도르의 정글로 돌아갔습니다. 엘리자베스와 그녀의 4살 난 딸 발레리가 들어간 곳은 독사로 악명 높은 지역이었습니다. 당신의 귀여운 딸이 그런 곳에서 맨발로 걸어다닌다고 한번 생각해 보십시오. 엘리자베스는 그 정글로부터 이렇게 썼습니다: "하나님께서는 모든 두려움에서 나를 건지셨습니다."

시편 34:4에서 시인은 이렇게 노래하고 있습니다: "내가 여호와께 구하매 내게 응답하시고, 내 모든 두려움에서 나를 건지셨도다." 엘리자베스는 자기가 아니라 하나님을 바라봄으로써 두려움 없고 용기 있는 태도를 지닐 수 있었습니다.

* * *

우리의 관심이 어디에 가 있는가는 일반적으로 삶에 대한 우리의 태도에 의해 드러납니다. 그러나, 내 경우를 보면, 태도뿐 아니라, 내가 나에 대하여 가지고 있는 감정에 의해서도 드러납니다.

자기 가치에 대한 설교에서, 룻 마이어즈는 지적하기를, 우리는 대개 세 가지 거울을 통해서 자신을 바라보고 자기의 가치를 판단한다고 했습니다. 그것은 곧 우리의 외모, 능력, 그리고 신분입니다. 우리가 우리 자신의 가치에 대하여 어떤 감정을 가지고 있는가는 보통 '남들이 나의 외모, 나의 능력, 나의 신분에 대하여 어떻게 생각하고 있는가'에 좌우됩니다. 이 세 가지 요소는 세 다리 의자와 같아서, 그중 하나만 부러지면, 우리의 자존심은 무너져 버리고 만다고 했습니다.

이 말을 듣고, 내 자신을 돌이켜보았습니다. 나는 나의 가치의 근거를 어디에 두고 있는가? 나는 그 주간에 있었던 일들을 죽 생각해 보았습니다.

나는 시카고의 어느 여성 모임에서 말씀을 전한 적이 있었습니다. 그런데 난생 처음으로 눈병이 걸려 눈이 부어 오르고 반쯤 감겼습니다. 나는 그런 눈으로 사람들 앞에 선다고 생각하니 내 자신이 추하게 느껴지면서, 기분이 별로 좋지 않았었습니다. 나는 이 일을 생각하면서, 나 역시 다른 사람들이 나의 **외모**에 대하여 어떻게 생각하는가에 내 자신의 가치의 근거를 두고 있다는 것을 인정하지 않을 수 없었습니다.

그 일이 있기 하루 전인가, 나는 차를 타고 친구네 집, 안과, 그리고 또 한 곳에 가기로 약속이 되어 있었습니다. 그런데 나는 길을 잃어 헤맸기 때문에 세 군데 모두 약속 시간에 늦었습니다. 나는 자신을 꾸짖었습니다: "안됐다, 캐롤. 넌 여기서 이전에 14년간이나 살았으면서도 길도 하나 제대로 못 찾아?" 나는 또한 나의 **능력**에 내 자신의 가치의 근거를 두고 있었습니다.

그리고 **신분**도 마찬가지였습니다. 나는 늘 아주 평범했습니다. 나는 내 자신이 **평범한** 사람이라고 느끼고 있었습니다. 평범하기를 원하는 사람은 아무도 없습니다. 사람들은 누구나 남들보다 뛰어나기를 원합니다. 그러나, 나는 미국 중부의 중간 크기의 도시에 살고 있는 중산층 가정의 중간 아이였습니다. 학교 졸업식에서 고별사를 읽어 본 적도, 남들 앞에 나가서 이끌어 본 적도 없었습니다. 가족들로부터 미움을 받은 적도 없고, 학교에서나 가정에서도 문제를 일으킨 적도 없었습니다. 나는 단지 **보통** 아이였습니다. 수십 년이 흘러 이제 엄마가 되었습니다. 나에게는 자녀가 딸 하나뿐입니다. 우리가 결혼할 당시만 해도 한 가정에 자녀가 평균 2.2명이었으나, 이 면에서는 나는 보통 수준에도 미치지 못했습니다. 하나님께서는 나에게 자녀를 한 명만 주셨습니다. 그러나, 그 아이는 내게 너무도 귀한 선물이었습니다. 나는 어느새 나의 신분을 생각하고 있었습니다.

나는 이렇게 기도했습니다: "오, 주님. 저는 남들이 저를 어떻게 생각할까를 생각하고 있었습니다. 저는 제 자신을 바라보았습니다. 제가 남들에게 어떻게 보일까, 일을 어떻게 수행하는가, 제 신분이 무엇인가를 생각하고 있었습니다. 저를 향한 주님의 사랑이라는 거울을 들여다보아야 하는데, 저는 다른 사람들의 평판이라는 거울을 들여다보았습니다. 주님께서는 저를 온전히 사랑하시고 받아 주십니다. 주님, 저를 도우소서. 항상 주님을 바라보게 하소서."

내 눈이 하나님을 떠나 내 자신을 바라볼 때마다 - 말씀드리기 부끄럽지만 이런 일은 자주 일어납니다 - 나는 낙심하게 됩니다.

* * *

우리가 무엇을 바라보느냐는 우리 자신, 그리고 우리가 하고 있는 일에 대한 만족 여부에 의해서도 드러납니다.

어느 잡지에 "인생의 황금기"라는 글이 실린 적이 있는데, 그 글이 나의 관심을 사로잡은 적이 있습니다. 글쓴이는 이렇게 말을 시작했습니다.

나는 최근 이른바 "인생의 황금기"라는 것에 대하여 많이 생각해 왔습니다. 나 역시 전에는 대부분의 여성들처럼 그 용어의 사전적 의미를 받아들였습니다. 즉, "인생에 있어서 지혜가 쌓이고, 삶에 만족이 있으며, 유익하게 활용할 수 있는 여가가 많은 중년 이후의 시기"를 흔히들 여성에게 있어서 인생의 황금기라 부릅니다.

그러나, 나는 지금 그런 정의를 받아들일 수 없습니다. "황금기"란 말에 불과할 뿐인지도 모릅니다.

글쓴이는 네 명의 여자와 인터뷰한 내용을 싣고 있는데, 그들은 네 연령층을 망라하고 있었습니다. 인터뷰 내용은 다음과 같습니다:

(31세) "황금기요? 글쎄요, 전 지금 할 일이 너무 많아서 그런 때가 올지 의문입니다. 남편이 성공하도록 도와야 하고, 또 자녀들을 훌륭하게 키워야죠. 그 아이들이 이 험한 세상을 잘 헤쳐 나갈 수 있도록 말이에요. 그리고 물론 제 자신을 위한 시간도 갖고 싶어요. 자신을 발견하고 제 자신으로 돌아가는 시간을요."

(44세) "전 앞으로 살 날이 20년밖에 남지 않았어요. 전 그런 황금기가 제게도 오게 되기를 바랄 뿐입니다. 아직도 멀었습니다. 자녀들을 대학에 보내야 합니다. 모르죠. 자녀들이 대학을 나와 그들 스스로 살아갈 수

있게 되고, 또 남편의 혈압이 계속 정상적으로 유지되고, 제가 50대 이후에도 건강이 유지된다면 그런 시기가 올는지."

(53세) "때로 저는 황금기가 오지 않을 것이라는 생각이 듭니다. 아직도 부모님들이 모두 살아 계시고, 계속 돌봐 드려야 합니다. 그리고 딸이 작년에 이혼하고 우리와 함께 살고 있어요. 물론 딸에게는 아이가 있죠. 남편과 제가 책임을 져야지요. 생계를 말입니다."

(63세) "우리는 지금 어려운 처지에 있습니다. 그렇게 되고 싶었던 것은 아니에요. 솔직히 말씀드리면, 우리는 나중에 편안하게 살 만큼 저축을 충분히 하고 있다고 생각했었지요. 그런데 그게 아니었습니다. 인플레가 그만 그것을 잡아먹었으니까요. 이제 남편은 퇴직을 연기하는 것을 고려하고 있습니다. 저 역시도 이렇게 큰 집을 계속 지켜 나가야 할 형편입니다. 이 집은 우리에겐 너무 커요. 왜 일이 모두 꼬이는지 속이 상합니다."

글쓴이는 이렇게 말하고 싶은 것 같았습니다: "사랑하는 여성들이여, 황금기는 결코 오지 않을지도 모른다는 것을 알지 못하는가? 기다리지 마십시오. 연기하지 마십시오. 지금 이 순간 가장 지혜롭고 가장 만족스러운 삶을 살아가십시오."

글쓴이는 계속 이렇게 말했습니다: "우리는 아름답고 멋진 인생이 시계와 달력에 달려 있지 않다는 것을 스스로 발견해야 합니다. 삶에서의 기쁨은 나이에 있는 것이 아니라 마음에 있는 것입니다. 우리는 어느 때라도 지혜와 만족과 여유가 넘치는 삶을 살 수 있습니다. 우리가 반드시 알아야 할 진리가 한 가지 있습니다. 기다린다고 해서 황금기가 오지는 않는다는 것입니다. 황금기는 과거에 있는 것도, 미래에 있는 것도 아닙니다. 바로 현재에 있습니다. 바로 현재를 의미 있게 사십시오. 그러면 그것이 바로 인생의 황금기입니다."

* * *

    우리의 말과 행동은 우리가 무엇을 생각하고 있는가를 그대로 보여 줍니다. 인생이라는 시장에서 우리는 대부분을 "나 먼저"라는 철학을 가지고 살고 있습니다.

    남편과 나는 미국 전역에서 결혼에 관한 세미나를 종종 갖습니다. 세미나를 통하여 우리가 강조하는 것 중의 하나가, 남편과 아내는 각각 배우자의 마음속에서 자기가 하나님 다음으로 넘버원의 위치를 차지하고 있다는 것을 알고 느낄 필요가 있다는 것입니다.

    어느 세미나에서 어떤 중년 남성이 우리 부부에게 이런 재미있는 이야기를 해주었습니다. 그는 한 친구와 함께 길을 가다가 폭풍우를 만났다고 합니다. 벼락은 큰 나무들만 때린다고 생각한 그들은 한 작은 나무 밑으로 피했습니다. 갑자기 번개가 번쩍이더니 벼락이 그 나무의 몸통을 관통하여 순식간에 그의 허리에 두른 혁대의 금속 부분을 핥고 지나갔습니다. 일시적으로 그는 하반신을 쓸 수가 없었습니다. 병원으로 옮겨진 그는 가능한 한 빨리 아내에게 전화를 걸었습니다. "여보, 걱정하지 마. 나 벼락에 맞아 가지고 지금 병원에 있어." 그러자 그의 아내가 이렇게 말했다고 합니다: "그럼 전 어떡하죠. 차가 움직이질 않는데."

그는 쓴웃음을 지으며 이야기를 해주었습니다. 그의 아내가 제일 먼저 생각한 것은 남편이 아니고, 자기가 현재 처한 곤경이었습니다.

한 부인이 남편의 죽음에 대하여 이야기하면서 이런 말을 했습니다. "제가 잊어버리기가, 사실은 용서하기가 가장 어려웠던 것은, 남편이 오후면 꼭 골프를 치러 가야 했기 때문에, 제왕 절개 수술을 하러 제가 직접 무거운 몸을 이끌고 차를 몰아 병원으로 가야 했던 일입니다." 그 남편의 마음에 있던 중요한 관심사는 골프 게임이었던 것입니다.

우리는 요즘 넘버원을 추구하라는 말을 자주 듣습니다. 사람들은 일류를 좋아합니다. "내가 나를 돌보지 않으면 아무도 나를 돌보지 않는다"는 생각이 널리 퍼져 있습니다. 나의 행복, 나의 자아, 나의 만족, 나의 권리 등등, 우리가 추구하는 것의 제일 첫머리에 "나"가 있습니다.

* * *

그러나, 이것은 하나님께서 원하시는 바가 아닙니다. 하나님께서는 우리에게, 하나님과 하나님의 나라를 먼저 구하라고 말씀하십니다. 우리가 전세계를 얻는다 해도 하나님을 소유하지 않으면, 우리는 아무것도 소유하고 있는 것이 아니라고 하나님께서는 말씀하고 계십니다.

우리의 관심의 대상은 무엇이며, 우리의 삶의 초점은 어디에 가 있습니까? 자신과 다른 사람들에 대한 우리의 태도와 감정은 우리의 관심의 대상이 무엇이며 우리의 시선이 어디로 행하고 있는가를 나타내 줍니다.

우리의 삶이 무엇을 향하고 있는가 하는 문제는 아주 중요한 것입니다. 그러므로 우리는 이 문제에 대하여 하나님께서 하시는 말씀에 귀를 기울여야 합니다. 하나님께서는 우리가 무엇을 향해야 하며, 어떻게 그것을 얻고 유지할 수 있는가를 말씀해 주십니다.

적용을 위한 성경공부

1. 시편 62편을 읽고, "오직," "만" 등의 단어가 하나님과 관련하여 사용된 곳에 밑줄을 그으십시오. 우리가 하나님 안에서만 채워야 할 필요들은 무엇입니까? 최소한 네 가지를 적으십시오.

   _____
   _____
   _____
   _____
   _____

2. 시편 기자는 자기의 안전을 위하여 하나님만을 찾는다고 말하고 있습니다. 당신은 하나님 외에 무엇이 당신에게 안전(소망, 구원, 영광, 힘 등)을 준다고 생각합니까?

_____
_____
_____
_____
_____

3. 당신 마음속에 있는 두려움을 세 가지 이상 기록하십시오.

_____
_____
_____
_____
_____

4. 시편 34:4을 자신의 말로 써보십시오. 이 말씀이 위에 적은 두려움에 어떻게 적용됩니까?

_____
_____
_____
_____
_____
_____

5. 오직 하나님 안에서만 당신의 개인적인 가치와 안전을 찾기 위하여 당신이 하고 있는 것은 무엇입니까?

   _____
   _____
   _____
   _____
   _____

2
위엣 것을 생각함

최근 여러 주일 동안은 남편에게 아주 어려운 기간이었습니다. 여러 가지 문제들이 남편을 압박했고, 마음에 큰 괴로움이 있었습니다. 이러한 남편의 모습을 지켜보면서 내 마음도 아팠습니다. 그러나 나는 그 기간 동안 하나님의 임재를 경험했습니다. 나는 하나님의 사랑의 손길을 느낄 수 있었습니다. 하나님께서는 사랑의 팔로 우리를 안으시며, 이렇게 말씀하시는 것 같았습니다: "캐롤, 이 일은 내게서 나온 것이다. 나는 너희를 사랑한다." 그 기간 내내 외적으로는 어려웠으나 내 마음의 스크린에는 주님의 얼굴이 나타나 있었고, 그 결과 남편에게는 고통스러운 기간이었을지라도 내 마음은 평안하였습니다.

그 다음주, 또 하나의 문제가 나를 강타했습니다. 그리고 내 마음의 스크린에는 주님의 얼굴은 사라지고 나를 압박하는 문젯거리만 나타나 있었습니다. 나는 주님을 바라보지 않고, 문젯거리를 바라본 것입니다. 나는 여러 시간 동안 울었습니다.

내가 불완전한 인간의 몸을 입고 있는 이상 이런 일은 앞으로도 계속 종종 일어날 것입니다. 그러나 나는 그 횟수가 점점 적어지기를 원합니다. 하나님께서는 골로새서 3:2에서 "위엣 것을 생각하고 땅엣 것을 생각지 말라"고 명령하십니다. 세월이 갈수록 점점 그렇게 할 수 있게 되기를 원합니다. 이 말씀은 우리로 하여금 마음의 짐을 벗어버리게 하며, 마음을 기쁨으로 채워 주며, 평안이 넘치게 해주는 명령입니다. 그리고 이 말씀은 아주 실제적인 명령입니다.

나는 이 말씀을 읽으면서 이렇게 생각했습니다: "주님, 저도 위엣 것을 생각하기 원합니다. 그러나 저는 세상이 계속 밀고 들어와 제 마음에서 주님을 밀어내고 있는데도, 그것을 허용하고 있습니다. 주님, 제 마음을 주님께 두기를 원합니다. 주님께서 저를 위해 예비하신 보물에 두기를 원합니다. 그러나, 주님, 어떻게 합니까?"

하나님께서는 내 마음에 조용히 말씀해 주셨습니다: "얘야, 그 부분을 다시 읽고, 그 다음 계속 읽어 나가라."

나는 그 구절을 다시 읽었습니다: "그러므로 너희가 그리스도와 함께 다시 살리심을 받았으면 위엣 것을 찾으라. 거기는 그리스도께서 하나님 우편에 앉아 계시느니라. 위엣 것을 생각하고 땅엣 것을 생각지 말라"(3:1-2). 이 말씀을 읽으면서 나는 나의 머리와 가슴 모두가 위엣 것을 찾고 생각해야 한다고 생각했습니다.

그리고 계속 읽었습니다. "이는 너희가 죽었고, 너희 생명이 그리스도와 함께 하나님 안에 감춰었음이니라"(3:3).

나는 여기서 다시 멈추어야 했습니다. "너희가 죽었고." 그리스도를 바라보는 데 있어서 한 가지 전제 조건이 죽는 것이라고? 내가 언제 죽었지? 이게 무슨 의미지?

  이것을 알기 위해 다시 2장을 살펴보았습니다. "또 너희의 범죄와 육체의 무할례로 죽었던 너희를 하나님이 그와 함께 살리시고, 우리에게 모든 죄를 사하시고, 우리를 거스리고 우리를 대적하는 의문에 쓴 증서를 도말하시고 제하여 버리사 십자가에 못박으시고"(골로새서 2:13-14).

  문득 한 가지 광경이 내 마음에 떠올랐습니다. 내가 등에는 더러운 배낭을 메고, 양손에는 여러 가지 가방을 잔뜩 든 채 먼지 나는 길 위에 서 있었습니다. 한 가방 안에는 그 동안 내가 지키지 못했던 율법의 규례들이 모두 들어 있었습니다. 또 한 가방에는 나의 나쁜 습관들, 나쁜 욕구들, 정욕들 등등 나의 옛 본성들이 아구까지 꽉 차 있었습니다. 그리고 등에 있는 배낭에는 – 이 배낭이 가장 무거웠습니다 – 내가 태어난 그날부터 지금까지 범한 죄들이 들어 있었습니다. 나는 무거운 짐에 눌려 소망도 없고, 힘도 없이 비틀거리며 걸어갔습니다. 나는 영적으로 이미 죽어 있었고, 육신적으로도 거의 죽은 거나 마찬가지였습니다.

  그때 한 부드러운 손이 등에 있는 무거운 짐에 와 닿았습니다. 그분은 등에서 배낭을 벗기고, 손에 든 가방들을 다 받으셨습니다. 나는 깜짝 놀라 두려움과 떨림으로 고개를 숙이고 서 있었습니다. 그러다가 고개를 들어 그분을 바라보았습니다. 그분이 십자가에 달려 계셨습니다. 험상궂은 모습을 한 하늘을 배경으로 그분이 십자가에 못박힌 채 매달려 있었습니다. 그리고 나의 **모든 죄**가 그분과 함께 거기에 못박혀 있는 것이 보였습니다.

그분은 나를 쳐다보시고 말씀하셨습니다: "사랑하는 딸아, 내가 네 죗값을 대신 치렀다. 내가 너를 위하여 대신 죽었다. 네 마음 문을 열고 나를 받아들인다면, 하나님께서는 더 이상 네 죄를 기억하지 않으실 것이다. 동이 서에서 먼 것같이 네 죄과를 네게서 멀리 옮기실 것이다. 네 죄가 가장 깊은 바다 깊숙이 던지워 묻힐 것이다. 너는 깨끗하게 될 것이며, 영원히 살 것이다."

"이는 너희가 죽었고." 나는 그분이 나의 모든 죄를 가져다가 십자가에서 못박으실 때 그 십자가에서 그분과 함께 죽었습니다. 그리고 그리스도께서는 "십자가 위에서 모든 주권과 권위의 무장을 해제하시고 공중 앞에서 그들을 구경거리로 삼아 끌고 개선의 행진을 하셨습니다"(골로새서 2:15, 새번역). 그분은 십자가로 승리하셨습니다.

나는 12살 무렵 어머니와 함께 무릎을 꿇고 하나님의 용서의 선물을 받았습니다. 나는 그리스도께서 나의 마음에 들어오셔서 나의 구주가 되어 달라고 기도했습니다. 나는 이미 죽었습니다. 나의 죄는 그리스도와 함께 죽었습니다. 이는 내가 다시 살도록 하기 위한 것이었습니다.

골로새서의 말씀은 계속해서 이렇게 말합니다: "너희 **생명**이 그리스도와 함께 하나님 안에 감추었음이니라. 우리 생명이신 그리스도께서 나타나실 그때에 너희도 그와 함께 영광 중에 나타나리라." 우리는 죽었습니다. 그러나 우리의 **생명**이 이제 감추어 있다고 말씀하고 있습니다. 놀라운 말씀입니다. 우리는 더 이상 죽어 있는 것이 아닙니다. 우리는 살았습니다! 그리고 우리의 생명은 그리스도와 함께 하나님 안에 감추어 있습니다.

우리는 이중으로 보호를 받고 있는 것입니다. 하나님의 팔에 감싸여 있습니다. 감추어 있는 것입니다.

그러므로 무엇보다도 먼저 우리는 그리스도께 속해야 하며, 그렇지 않으면 그분을 바라볼 능력을 가진다는 것은 결코 바랄 수 없습니다. 그리고 그것을 원하지도 않을 것입니다. 그러나 우리는 그리스도께 속하여 있기에, 생명과 희망과 기쁨을 가지고 있으며, 우리의 마음과 생각을 위엣 것 즉 그리스도께 둘 수가 있는 것입니다.

그러면 그리스도를 믿은 우리가 해야 할 것은 무엇입니까? 계속해서 골로새서의 말씀을 읽어 봅시다.

> 그러므로 땅에 있는 지체를 죽이라. 곧 음란과 부정과 사욕과 악한 정욕과 탐심이니, 탐심은 우상 숭배니라. 이것들을 인하여 하나님의 진노가 임하느니라. 너희도 전에 그 가운데 살 때에는 그 가운데서 행하였으나, 이제는 너희가 이 모든 것을 벗어 버리라. 곧 분과 악의와 훼방과 너희 입의 부끄러운 말이라. 너희가 서로 거짓말을 말라. 옛 사람과 그 행위를 벗어 버리고, 새 사람을 입었으니, 이는 자기를 창조하신 자의 형상을 좇아 지식에까지 새롭게 하심을 받는 자니라. 거기는 헬라인과 유대인이나 할례당과 무할례당이나 야인이나 스구디아인이나 종이나 자유인이 분별이 있을 수 없나니, 오직 그리스도는 만유시요, 만유 안에 계시니라.(3:5-11)

우리는 우리의 삶 속에 있는 이 모든 추한 것들을 "죽이고," "벗어 버려야" 합니다. 우리가 영생을 얻었을지라도 우리는 우리 안에 있는 죄된 옛 성품을 계속적으로 죽여야 할 필요가 있습니다. 죽이고 벗어 버리는 일은 내가 해야 할 일입니다. 나의 책임입니다. 그리스도께서 계속 나를 도와주실 것입니다. 하나님께서 내게 힘을 주실 것입니다. 그러나 내 **스스로** 그것을 해야만 합니다. 나의 의지가 관련되어 있습니다.

나에게 한 경건한 친구가 있는데, 어느 날 어떤 여자가 그녀에게 상담을 청했습니다. 그 여자는 이렇게 말했습니다: "저는 늘 엄마와 다툽니다. 정말이지 함께 살 수가 없어요. 우리는 매일 싸웁니다. 제가 어떻게 해야죠?"

나의 친구는 그 여자의 눈을 똑바로 쳐다보면서 이렇게 말해 주었습니다: "싸움을 그치면 됩니다."

그치라! 간단합니다. 그치면 됩니다. 우리는 화를 내고 싸우기로 선택하는 것입니다. 내가 원하지도 않는데 화가 나고 싸움을 하는 것이 아닙니다. 우리는 종종, "그렇게 하지 말라"고 하면, "전 할 수 없습니다"라고 말하는데, 사실은 "전 하지 않겠습니다"라는 표현이 더 정확할 것입니다.

한 친구가 우스개로 이렇게 말했습니다: "나는 스트레스를 받을 때마다 다 저축해 두었지. 그래서 이제 신경쇠약에 걸릴 자격이 있어." 그렇습니다. 신경쇠약에 걸리느냐 마느냐는 우리의 선택에 달려 있는 것입니다. 만화 주인공 찰리 브라운의 말은 재미있습니다: "어느 한 날에 한꺼번에 걱정하기로 했어요." 무엇을 선택하느냐는 우리에게 달려 있습니다.

우리 삶 속에 있는 더럽고 추한 것들을 죽이기를 **원하고**, 선택하고, 결정해야 합니다. 경건한 선택과 결정을 하는 것은 우리의 책임입니다.

그러나, 하나님께서는 거기에서 멈추시지 않습니다.

땅에 있는 지체를 죽이고, 옛 사람과 그 행위를 벗어 버려야 할 뿐만 아니라, 그 다음으로, 우리는 경건한 태도를 "입어야" 합니다.

> 그러므로 너희는 하나님의 택하신 거룩하고 사랑하신 자처럼 긍휼과 자비와 겸손과 오래 참음을 옷입고, 누가 뉘게 혐의가 있거든 서로 용납하여 피차 용서하되 주께서 너희를 용서하신 것과 같이 너희도 그리하고, 이 모든 것 위에 사랑을 더하라. 이는 온전하게 매는 띠니라. 그리스도의 평강이 너희 마음을 주장하게 하라. 평강을 위하여 너희가 한 몸으로 부르심을 받았나니, 또한 너희는 감사하는 자가 되라.(3:12-15)

우리는 새 사람을 입어야 합니다. 새 사람은 "자기를 창조하신 자의 형상을 좇아 지식에까지 새롭게 하심을 받는 자"입니다. 위 말씀에는 우리가 입어야 할 새 사람의 내용이 구체적으로 제시되어 있습니다. 이것은 장기적인 과정입니다. 하루아침에 단번에 이루어지는 것이 아닙니다. 우리가 그리스도를 영접하여 새 사람을 입었다 할지라도, 우리 안에는 여전히 옛 성품이 남아 있기 때문에, 계속적으로 새롭게 하심을 받으며, 깨끗케 되며, 우리를 창조하신 분의 형상을 좇아 지식까지도 참된 지식으로 바뀌어야 합니다. 이것은 계속적인 과정입니다.

조이스 랜돌프 여사는 **변화점**이라는 책에서 이 문제와 관련하여 재미있는 일화를 소개하고 있습니다:

나의 외손녀인 에이프럴이 일전에 가정의 규칙을 한 가지 깨뜨렸습니다. 그래서 엄마인 테레사가 에이프럴을 불러 앉혔습니다. 당시 테레사는 둘째 아이를 낳은 지 얼마 안 되었기 때문에 매우 피로해 있었습니다. 테레사는 한바탕 에이프럴에게 고함을 치면서 꾸짖었습니다. 그리고 나서 에이프럴에게 벌을 주었습니다. 마침내 테레사가 냉정을 되찾고, 에이프럴의 눈물이 마른 후, 테레사는 으레 하듯 에이프럴과 개인적으로 조용히 대화하는 시간을 가졌습니다.

"에이프럴, 엄마가 왜 너를 벌했는지 아니?"

"몰라요."

"규칙을 어겼잖아. 그게 이유야."

그러나 여전히 에이프럴이 화가 나 있는 것을 알고, 테레사는 물었습니다: "너 엄마한테 화났니?"

"예." 에이프럴은 진지하게 말했습니다.

"네가 어떻게 엄마에게 화를 낼 수 있니? 엄마는 규칙을 깨뜨리지 않았잖아. 너는 깨뜨렸고!"

그러자 에이프럴이 차분하게 말했습니다: "엄마가 제게 고함을 치면서 화를 내셨기 때문이에요. 그래서 엄마의 얼굴에서 그런 성난 모습을 가져가 달라고 하나님께 기도할 거예요."

그 순간 테레사는 자기의 죄를 깨우쳐 주시는 성령

의 부드러운 음성을 들었습니다. 그녀는 자신의 잘못을 깨달았습니다. 그 아이는 엄마에게 벌을 받은 데 대해 화가 난 것이 아니었습니다. 벌을 받는 것은 당연했습니다. 화가 난 것은 엄마가 괜히 지나치게 고함을 치면서 화를 냈기 때문이었습니다.

테레사가 자녀에게 순종을 훈련시키려고, 규칙을 깨뜨린 것에 대해 벌을 가한 것은 옳았습니다. 그러나 테레사는 그리스도인이 나타내야 할 성령의 열매 중 하나인 절제를 잃어버렸습니다. 그리하여 징계를 할 때 자기를 제어하지 못하고 불필요하게 고함을 질렀던 것입니다.

테레사는 딸아이에게 이렇게 말했습니다: "좋아, 에이프럴. 네 말이 옳다. 그건 엄마가 잘못했다. 자, 기도하자."

그러자 에이프럴은 밝은 얼굴로, "사랑하는 예수님. 엄마의 얼굴에서 성난 모습을 가져가 주세요. 저도 엄마 말을 잘 듣는 착한 아이가 되겠습니다. 예수님의 이름으로 기도합니다. 아멘" 하고 기도했습니다.

이 이야기를 읽고, 새 사람을 입기로 선택하는 아주 아름다운 본보기라고 생각되었습니다.

긍휼과 자비와 겸손과 오래 참음을 옷입는 것은 우리의 선택입니다. 여기에도 우리의 의지가 관련되어 있습니다. 우리는 용서하고, 사랑하고, 그리스도의 평강이 우리의 마음을 주장하도록 의지적인 결단을 해야만 합니다.

긍휼을 예로 들어 보겠습니다. 내가 좋아하는 이야기 중에 이런 이야기가 있습니다. 한 어린 소년이 손가락을 살짝 다쳤습니다. 소년은 그것을 아빠에게 보여 드리려고, 신문을 보고 계시는 아빠에게 갔습니다. 소년은 여러 번이나 손가락을 아빠 앞에 내밀었으나, 아빠는 아무 관심도 보여 주지 않았습니다. 아들이 자꾸 손가락을 내밀자 신경이 거슬린 아빠는 버럭 화를 내며 큰 소리로 "글쎄, 나더러 어떻게 하란 말이냐?" 하고 말했습니다. 그러나 소년은 대답했습니다: "하지만, '아이구 저런, 다쳤구나' 하고 말씀하실 수는 있잖아요!"

사랑과 긍휼은 작은 방법으로 표현됩니다. 사랑과 긍휼을 나타내 보이는 것은 작은 것에서부터 실천함으로써 계속 성장하게 됩니다. 하룻밤 사이에 이루어지는 것이 아닙니다. 시간과 인내를 통하여 배웁니다. 우리가 주님을 바라볼 때에만 이러한 성품들은 계발됩니다.

이해가 더욱 분명해졌습니다. 나는 주님께 이렇게 말씀드렸습니다: "알겠습니다, 주님. 저는 먼저 하나님의 자녀가 되어야 하고, 그 다음 옛 것을 벗어 버리고 새 것을 입어야 합니다. 그러나 여전히 제게 있는 의문은, 제가 어떻게 이 모든 것을 할 수 있는가 하는 것입니다."

주님께서는 다시 말씀하셨습니다: "계속 읽어라."

답은 바로 내 눈앞에 있었습니다! 나는 이미 그 구절을 암송하고 있었으나, 그 구절의 참 의미를 미처 깨닫지 못하고 있었습니다. "그리스도의 말씀이 너희 속에 풍성히 거하여 모든 지혜로 피차 가르치며 권면하고 시와 찬미와 신령한 노래를 부르며 마음에 감사함으로 하나님을 찬양하고"(3:16).

그리스도의 말씀이 너희 속에 **풍성히** 거하게 하라! 내가 추한 것들을 벗어 버리고 아름다운 것들을 입을 수 있는 방법은 그리스도의 말씀이 내 삶 속에 **풍성히** 거하도록 하는 일에 열중하는 것입니다. 하나님의 말씀을 들을 때 과연 나는 어떻게 하는가? 말씀을 들을 때 그저 듣기만 하는가, 아니면 그 내용을 기록하여 집에 가서 다시 묵상하고 그것을 삶에 적용하기를 힘쓰는가?

또한 성경 말씀을 읽을 때도 나는 그 말씀을 묵상하며 삶에 적용하는가? 마음에 와 닿는 구절에는 밑줄도 그으며, 깨달은 내용을 기록하며, 다른 사람과 나누는가?

나는 말씀을 공부할 때 단지 표면적인 대답으로 만족하는가? 아니면 깊이 묵상하여 답을 쓰는가? 단지 그럭저럭 과제를 해가기만 하는가?

나는 암송을 할 때 하루 종일 그 말씀들이 내 마음을 지배하도록 하나님께 기도하는가?

그리고, 하루를 살아갈 때 나는 무엇을 생각하는가? 나의 문제들? 세상적인 것들? 아니면 말씀을 묵상함으로써 주님을 생각하는가?

나는 정말로 하나님의 말씀을 사랑하는가? 그 말씀이 나의 삶이 되도록 하고 있는가?

나의 마음을 계속 그리스도와 위엣 것에 두는 열쇠는 하나님의 말씀이 내 안에 **풍성히** 거하게 하는 것입니다.

진정 그리스도인이라면 우리의 어디를 누르더라도 하나님의 말씀이 흘러 나와야 합니다. 그러려면 우리는 스펀지처럼 하나님의 말씀을 흠뻑 머금어야 합니다. 그리하여 우리의 가르침은 성경 말씀으로 흘러 넘쳐야 하며, 우리의 대화 또한 성경 말씀으로 흠뻑 적셔 있어야 합니다. 우리의 노래가 말씀으로 힘이 넘쳐야 하며, 우리의 삶의 모든 부분이 찬양으로 가득 차 있어야 합니다. 그러나 이것은 그리스도의 말씀이 우리 속에 풍성히 거하게 할 때만 가능합니다.

우리가 하나님의 말씀 안에 거할 때, 우리는 하나님으로 차고 넘칠 것입니다! 이것은 성경의 약속입니다.

하나님의 계획의 지혜와 규모를 생각할 때 나는 무릎을 꿇고 하나님의 대가족 - 그중의 일부는 이미 하늘에 있고 일부는 땅 위에 있지만 - 의 아버지께 기도를 드립니다. 아버지 하나님께서 영광스럽고 무제한적인 자원에서 성령을 통하여 속사람을 강하게 하는 능력을 여러분에게 내려 주시기를 빕니다. 그리고 나는 그리스도를 믿는 여러분 속에 그리스도께서 더욱더 친근하게 계시게 되기를 기도합니다. 또한 여러분이 하나님의 놀라운 사랑의 토양 속에 깊이 뿌리를 내리게 되기를 빕니다. 그리고 다른 모든 하나님의 자녀들이 그러하듯이 여러분은 하나님의 사랑이 참으로 얼마나 길고, 얼마나 넓고, 얼마나 깊고, 얼마나 높은가를 알고, 또 깨닫게 되기를 빕니다. 그리고 이 사랑을 여러분 자신을 위하여 경험할 수 있기를 빕니다. 이 사랑은 너무도 크기 때문에 여러분이 그 한계를 볼 수도 없고, 또 그 사랑을 다 알 수도 없고 깨달을 수도 없습니다만, 이렇게 함으로써 마침내 여러분은 하나님

자신으로 충만하게 될 것입니다.(에베소서 3:14-19, 리빙바이블)

우리가 만일 성령께 마음을 넓게 열며, 그리스도의 사랑을 안다면 - 이것은 하나님의 말씀을 통하여 가능합니다 - 우리는 하나님의 모든 충만하신 것으로 **충만하게 될 것입니다**.

그리스도인의 삶에 있어서 승리의 비결이요, 하나님을 영화롭게 하며 하나님으로 말미암아 기쁨과 만족이 넘치는 삶을 사는 가장 중요한 핵심은 "마침내 여러분이 하나님 자신으로 충만하게 될" 때까지 그리스도의 사랑을 아는 것입니다.

적용을 위한 성경공부

1. 현재 당신에게 부족하다고 생각되는 영역은 무엇입니까?

   _____
   _____
   _____
   _____

2. 가. 하나님의 음성을 잘 들을 수 있도록 잠시 기도하십시오.

   나. 골로새서 3:1-17을 천천히 소리 내어 읽으십시오.

   다. 이 구절을 다시 읽되, 특별히 하나님께서 당신에게 말씀하고 계신다고 생각되는 내용이 있으면 거기에서 멈추십시오.

라. 그 말씀을 보면서 당신에게 떠오르는 생각을 적으십시오. 하나님께서 그 말씀을 통하여 당신에게 무엇을 말씀하고 계십니까? 당신이 그 말씀처럼 살고 있지 못하는 이유는 무엇입니까? 하나님께서는 당신이 이에 대하여 무엇을 하기를 원하신다고 생각합니까? 구체적으로 적으십시오.

_____

_____

_____

_____

마. 골로새서 3:16-17을 암송하십시오.

3. 에베소서 3:14-20을 암송하십시오. 이 말씀은 하나님으로 충만해지는 삶의 비결을 제시하고 있습니다.

3
기쁨을 선택함

"**우**리 가운데서 역사하시는 능력대로 우리의 온갖 구하는 것이나 생각하는 것에 더 넘치도록 능히 하실 이에게… 영광이 대대로 영원무궁하기를 원하노라. 아멘"(에베소서 3:20-21). 진실로 나의 "온갖 구하는 것이나 생각하는 것에 더 넘치도록" 축복하여 주신 주말이었습니다. 은혜와 기쁨이 넘치는 주말 수양회였습니다. 수양회를 마치고 나는 들뜬 기분으로 집에 돌아왔습니다. 나는 사랑하는 이들이 떠들썩하게 나를 맞이하리라 기대했습니다. 그러나 막상 집에 도착해 보니 아무도 없었습니다. 썰렁하고 텅 빈 집만이 나를 쓸쓸히 맞이했습니다.

실망이 되었습니다. 신을 벗어 던지고 가방을 침대 위에 던졌습니다. 풍선 마냥 잔뜩 부풀었던 나의 가슴에는 이미 구멍이 뚫렸습니다.

신문을 보는 것으로 위안을 삼았습니다. 몇 분 후 가족들이 주말 여행에서 돌아왔습니다. 피곤해 보였지만 씩씩한 발걸음으로 들어왔습니다. 잘 갔다 왔느냐고 나에게 의례적인 인사를 하고는, 한 사람은 부엌으로, 한 사람은 침실로 가고, 한 사람 - 남편 - 은 전화기로 향했습니다. 풍선의 구멍이 점점 커지더니 마침내 바람이 다 빠지고 납작해졌습니다. 내 발 밑에는 자기 연민의 조각들이 쌓였습니다.

재미있었던 사건들을 나누는 것은 자연스런 일입니다. 남편은 전화를 끝내자마자 내 옆에 와 앉아 재미있었던 주말 여행에 대하여 이야기하기 시작했습니다. 나는 귀를 기울여 들었지만, 속으로는 기분이 언짢았습니다. 하나님께서는 정말로 남편에게 그리스도를 전할 좋은 기회를 주셨고, 이를 통해 몇 사람이 새로이 주님을 믿게 되었습니다. 그 외에도 여러 가지로 즐겁고 보람 있는 여행이었습니다. 신이 나서 열심히 이야기를 하는 남편을 보면서 나도 역시 감정적으로 함께하려고 노력했지만, 나의 기분은 여전히 언짢았습니다.

남편이 다시 전화를 하기 위해 자리를 떴습니다. 나는 속으로, "좋아요, 당신이 제게 있었던 일을 듣기 원하지 않는다면 저도 가서 제 할 일이나 하죠" 하고 생각하고는, 침실로 가서 문을 닫고 책을 읽기 시작했습니다. 나의 양심이 나를 꾸짖었습니다: "캐롤, 너 어떻게 그럴 수 있니? 하나님께서는 네 남편과 너 모두에게 놀랍게 축복해 주셨어. 그런데, 지금 네 그 태도가 뭐니? 추한 모습이다. 네가 설교한 것을 실천해야 하지 않겠니?"

나는 이렇게 대답했습니다: "하지만 지금은 그러고 싶질 않아. 난 지금 자기 연민의 잔치를 벌이고 있어. 이 잔치를 지금 당장 그만두고 싶지는 않아."

그때 또 하나의 목소리가 내 안 어디선가에서 들려 왔습니

다: "캐롤, 주말 수양회에서 넌 삶 속에서의 기쁨은 **선택**의 문제라고 말했지? 맞지? 또 '기쁨의 감정이 생길 때라야 기쁨의 행동을 하겠다고 생각하지 마십시오. 기쁨의 행동을 하면 기쁨의 감정이 따르게 됩니다'라고 너는 말했었지? 그게 사실 아니니?"

그 말씀에 나는 이렇게 대답했습니다: "말씀 안 하셔도 압니다. 그만 말씀하세요. 그러나, 제가 만일 기쁘게 행동하기로 선택하면, 제가 얼마나 기분이 안 좋았는가를 아무도 모를 것입니다."

다시 음성이 들려 왔습니다: "그래. 하지만 그게 나에게 순종하는 것보다 중요하니?"

바로 그때 남편이 침실로 들어오는 바람에 이 조용한 대화는 중단되었습니다. 남편은 내게 무슨 일이 있느냐고 물었습니다. 이런 남편을 주신 하나님께 감사드립니다. 그는 나의 행동에서 뭔가를 느꼈던 것입니다. 남편은 참 민감한 사람입니다.

이렇게 해서 우리는 함께 이야기하는 시간을 가졌습니다. 남편은 내 말에 귀기울여 듣고 함께 기뻐했습니다. 남편이 주의 깊게 관심을 가져 줌으로써 나는 다시 수양회장에서 돌아올 때의 기분을 회복했습니다.

올바르지 못한 나의 태도와 고요하게 계속 말씀하시는 하나님의 음성 - 이 둘 중에 무엇이 이길지 나는 몰랐습니다. 그러나 하나님께서는 다시 한 번 나를 위하여 "피할 길"(고린도전서 10:13)을 주셨습니다. 다음과 같은 재미있는 장면이 생각났습니다…

* * *

나는 하늘의 도성을 향하여 달리고 있었습니다. 그곳을 향하여 두 개의 고속도로가 나 있었습니다. 두 도로는 서로 연결되어 있어서 언제든지 오갈 수 있었습니다. 군데군데 양 도로를 연결하는 도로가 보였습니다. 내가 선택한 고속도로는 아주 좋았습니다. 한참 신나게 달렸습니다. 그런데, 가다 보니 앞에 무거운 짐을 실은 트럭들이 천천히 가고 있었습니다. 이로 인해 교통 체증이 생겨 빨리 달릴 수가 없었습니다. 차는 거북이처럼 기어갔습니다. 나는 한숨을 쉬었습니다. 또 달리다 보니 긴 터널들이 종종 있었습니다. 터널 안은 캄캄했고, 나는 겁이 났습니다. 처음 이 도로를 달릴 때와는 달리 이 도로에는 보수공사가 잦았고, 임시 우회도로도 많았습니다. 격렬한 소음으로 인해 나는 머리가 쑤시고 아팠습니다. 허리도 아팠습니다.

나는 아픈 허리를 구부리며, "지긋지긋하다! 이 형편없는 길을 빨리 떠나야지. 원!" 하고 생각했습니다. 그렇게 많은 차들이 있었지만, 내 차가 펑크가 나거나 길 옆 도랑에 처박혀도 아무도 차를 멈추어 도와주지 않는다는 것을 알았습니다. 각자 자기 차만 운전하느라 여념이 없었습니다. 다른 사람들에 대하여 무관심하였습니다. 오늘날 이런 사람들이 너무도 많다는 생각이 들었습니다. 스탠리 존스의 말이 생각났습니다.

오늘날의 분위기는 냉소주의다. 많은 사람들이 삶을 혐오하며 삐딱하게 본다. 그들은 냉소적이고 부정적이다. 이 시대는 존재하는 모든 것을 냉소하며, 대신 허무에 갈채를 보낸다.… 그들은 모든 것을 부정적인 눈으로 바라본다. 그러나 그러한 부정적인 생활 방식은 잘못된 것이며 슬픈 결과를 낳는다. 냉소와 부정과 허무에 의해서는 인생을 살 수가 없기 때문이다. 우리는 삶을 긍정하고 적극적으로 살아야 한다.

  버틀랜드 러셀은, 인생이란 입에 들어가면 역겨운 맛을 남기는 지긋지긋한 한 병의 술이라고 말했다. 어느 훌륭한 배우는 죽어 가면서 이런 말을 했다: "막을 내리게. 어릿광대극은 끝났다. 인생에 진실이란 없다. 인생은 모두 가짜다. 그것은 하나의 어릿광대극이다." 프랑스의 실존주의 철학자 사르트르는, "지옥이란 바로 타인이다"라고 말했다. 그러나 타인을 지옥이라 생각한다면, 어떻게 사회를 이루어 다른 사람들과 어울려 살 수 있겠는가?

  갑자기 트럭 하나가 내 앞에 섰습니다. 나는 급히 브레이크를 꽉 밟았습니다. 그리고는 죽어라고 경적기를 눌러 댔습니다. 그러나 그 트럭은 꿈쩍도 안 했습니다. 나는 질겁을 했습니다. 아슬아슬하게 충돌하지 않고 그 트럭 뒤에 내 차는 멈추었습니다. 그 트럭은 짐칸을 기울이더니, 내 차 위에 온갖 더러운 오물을 부리기 시작했습니다. 그리고는 뒤도 돌아보지 않고 달아나 버렸습니다. 나는 몇 시간이나 걸려 그것을 치웠습니다.

  나는 이 고속도로에 대해서는 이만하면 충분히 경험했다 생각하고, 옆에 있는 다른 고속도로로 가야겠다고 결심했습니다.

곧 바로 앞에 그 도로로 가는 진입로가 보였습니다. 나는 차를 천천히 그리로 몰았습니다.

그 길은 다니는 차도 적어 보였고, 길도 아주 좋았습니다. 전번 길에는 움푹움푹 패인 곳이 많았습니다. 나는 한참 동안 신나게 달렸습니다. 그런데 어찌된 영문인지 내가 손님석에 있었습니다! 다른 사람이 운전을 하고 있었습니다. 내가 알고 있는 사람이었습니다.

그분은 웃으며 말씀하셨습니다: "내가 운전해도 괜찮겠지? 뒷좌석에 앉아 있기가 좀 지루하구나."

나는 당황하여 더듬거리며 말했습니다: "예, 그럼요. 운전하십시오." 그리고는 속으로 이렇게 생각했습니다: "전 당신이 내 차에 타고 계시는 것을 알지도 못했습니다."

그분은 계속 말씀하셨습니다: "저쪽 고속도로를 달리느라 고생했지? 그런데 난 네가 왜 계속 운전하기를 원하는지 알 수가 없었다. 왜 나의 도움을 요청하지 않았지?"

그분은 잠시 말이 없었습니다. 나는 아무 말도 하지 않는 것이 옳다고 생각하고서 아무 말 없이 조용히 있었습니다.

그분이 다시 말씀하셨습니다: "두 고속도로 중에서 어느 것을 택할 것인가는 각자에게 달려 있다. 선택권은 각자에게 있어. 어느 길을 택하더라도 가다 보면 힘든 곳이 있게 마련이다. 네가 스스로 운전하려고 하면 무척 힘이 들 것이다. 그리고 대부분의 사람들이 마치 내가 그 차에 타고 있지 않은 것처럼 행동한다."(아뿔싸, 그분은 알고 계셨구나!) "나는 그 트럭이 네 차 위에 짐을 부리는 것을 보았다. 무거운 짐이었지?"

그분은 다정한 음성으로 계속 말씀하셨습니다: "나는 네가 그

짐을 치울 때 내 도움을 청하지 않는 것을 보고 정말 깜짝 놀랐다. 너뿐만 아니고 많은 사람들이 그렇지. 누구든지 내게 도움을 청하기만 하면, 일 분이면 그 쓰레기를 깨끗이 치울 수 있을 텐데."

"뭐 일 분이라고? 나는 여러 시간이나 걸렸는데. 그러고도 여전히 차가 더러운데" 하고 나는 속으로 생각했습니다.

"나는 또한 공사나 우회도로에 대하여 내게 묻지 않는 것을 보고 깜짝 놀랐지. 네가 묻기만 했더라면, 나는 네게 오래 전에 길을 바꾸도록 충고를 했을 텐데. 너 역시 다른 많은 사람들처럼 도로의 상태에 대하여 불평하며 투덜대기를 좋아하더구나. 나의 도움은 청하지도 않고 말이야."

그분의 음성에는 슬픔이 깃들어 있었습니다. 다시 그분은 웃으며 말씀하셨습니다: "이제 네가 길을 바꾸기로 마음먹고 이 도로로 왔으니 기쁘다. 이 고속도로의 이름은 **기쁨**이다. 나는 기쁘게 너의 운전사가 될 것이며, 길을 가면서 놀라운 것들을 너에게 가르쳐 줄 것이다. 우리는 또 함께 멋진 풍경도 보게 될 것이다." 나는 "함께"라는 말이 마음에 들었습니다.

"저는 이미 저쪽 길이 어떻다는 것을 경험했기 때문에, 주님의 말씀에 정말로 감사드립니다." 그리고 나서 나는 망설이며 말씀드렸습니다: "그런데 저는 운전해서는 안 되나요?"

"그건 규칙 위반이다." 그분은 계속 말씀하셨습니다. "이 고속도로에서는 나만 운전할 수 있도록 되어 있다. 나는 모든 커브, 모든 터널, 모든 위험한 곳을 다 알고 있다. 그러나, 네가 원한다면 언제든지 다시 저쪽 길로 갈 수 있고, 그러면 네가 운전도 할 수 있어."

"감사합니다. 하지만 저는 계속 이 길을 가고 싶습니다. 주님."

"좋아" 하며 그분은 고개를 끄덕이셨습니다. 그리고 나서는 갑자기, "너 배고프니? 뒷좌석에 음식이 좀 있다" 하고 말씀하셨습니다.

솔직히 말해서 나는 배고픈 정도가 아니라, 배고파 죽을 지경이었습니다. 뒷좌석을 보니 보자기로 덮인 커다란 바구니가 있었습니다. 보자기를 제쳐 보니, 내가 지금까지 보았던 것 중에서 가장 먹음직스러운 음식이 가득 들어 있었습니다.

"야, 진수성찬이다!" 하고 내 입에서 탄성이 나왔습니다. 내 마음에 시편 36:8이 떠올랐습니다: "저희가 주의 집의 살진 것으로 풍족할 것이라. 주께서 주의 복락의 강수로 마시우시리이다."

음식을 먹고 있을 때 문득 노래 소리가 들렸습니다. 그 노래를 들을 때 내 얼굴에 기쁨이 넘쳤습니다. 내가 싫어하는 터널에 들어설 때도 내 얼굴에는 미소가 떠나지 않았습니다. 그 터널을 곁에서 보니까 저쪽 도로에서 거쳤던 터널들처럼 어둡고 위험해 보여서 마음에 약간 염려가 되었습니다.

그분은 내가 무엇을 생각하고 있는가를 잘 아셨습니다: "염려하지 말아라. 우리가 지나갈 이 터널은 좀 길다. 터널의 이름은 병이라고 하지. 이 터널을 통과하면서 무슨 일이 일어나는지 잘 보아라."

드디어 터널 안으로 들어갔습니다. 그 순간 터널 안이 환하게 밝아졌습니다. 터널에 대한 부정적인 선입견이 사라졌습니다. 그리고 그 빛은 나의 운전사에게서 나오고 있었습니다! 터널은 그분의 운전 기술을 볼 수 있는 새로운 기회였습니다. 아주 능숙한 솜씨로 그 터널을 통과해 가고 있었습니다. 터널을 통과하는 동안 내내 그분은 그 터널에 대하여 깜짝 놀랄 만한 사실들을 가르쳐 주셨습니다.

"'형제들아, 너희가 시험을 만나거든 온전히 기쁘게 여기라'라는 말씀을 알고 있니? 그 말씀의 참 의미를 설명해 주마. 우리는 하늘의 도성으로 가는 길에 여러 개의 터널을 통과할 것이다. 어떤 것은 너만 통과해야 할 터널이다. 그러나, 대부분은 누구나가 통과해야 할 터널이다. 우리는 또한 사망의 음침한 골짜기를 통과할 것이며, '깨어진 관계'라고 하는 다리들을 건널 것이며, 고통의 숲을 꼬불꼬불 누비며 달릴 것이다.

"조금 전에 네가 떠나온 그 길도 통과해야 할 것들은 이 길과 그리 다르지 않다. 그 길에서는 도랑, 우회도로, 사고 등 많은 어려움을 만날 것이다. 그러나, 그것은 네가 스스로 자초한 것이다. 이미 말했듯이, 그 길이나 이 길이나 통과해야 할 것은 거의 같다. 그러나 전적으로 다른 점이 있는데, 그 길에서는 네가 운전을 했으나, 이 길에서는 내가 운전을 한다는 것이다. 너는 손님석에 앉아 쉬기만 하면 된다. 나는 계속 골짜기를 햇빛으로 가득 채울 것이며, 숲을 열매로 가득 채울 것이며, 또한 고속도로와 어두운 터널을 빛으로 가득 채울 것이다. 그리고 내가 너에게 나의 보배들을 보여 줄 때, 뒤에서 아주 희미하게 들렸던 그 노래 소리가 점점 더 크게 들릴 것이다.

"'온전히 기쁘게 여기라'는 말은 너에게 선택권이 있다는 말이다. 너는 언제든지 저쪽 길로 돌아갈 수 있는 선택권이 있다. 거기에서는 네가 운전할 것이다. 터널은 어둡고 노래는 사라질 것이다.

"**기쁨**의 고속도로를 선택하면 너는 온전하고 구비하여 조금도 부족함이 없게 될 것이다."

그분은 잠시 말을 멈추었다가, 다시 부드러운 음성으로 말씀하셨습니다: "나는 왜 그렇게 많은 사람들이 저쪽 길을 선택하는지 의문이다."

마침내 우리는 그 터널을 통과했습니다. 우리는 잠시 멈추어 몇 사람을 태웠습니다. 그들은 하나님께서 그들의 삶 속에서 어떻게 역사하셨는지 이야기했습니다. 그 이야기를 할 때 노래 소리가 더욱 분명하게 들려 왔습니다.

얼마 후 그들은 다시 그들의 여행을 계속하기 위하여 내 차에서 내렸습니다. 그들이 내리고 나서 나의 운전사는 "기쁨은 언제나, 하나님께서 그 자녀들의 삶 속에서 역사하실 때 발견될 수 있지" 하고 말씀하셨습니다. 그때 감사에 넘친 다윗의 모습이 생각났습니다: "여호와께서 우리를 위하여 대사를 행하셨으니, 우리는 기쁘도다"(시편 126:3).

나의 운전사는 잠시 말이 없었습니다. 그래서 나는 잠시 동안 그 모습을 조용히 지켜보았습니다. 나는 피곤해지고 있었습니다. 그때 우리는 한 시냇가로 갔는데, 거기에는 몇 사람이 소풍을 나와 있었습니다. 그들은 그들이 가진 모든 것을 나에게 나누어 주었습니다. 그리고 우리가 그곳을 떠날 때 그들은 나를 격려해 주었습니다. 차 있는 곳으로 돌아와 뒤를 돌아다 보니 그 소풍 장소 위에 큰 깃발이 하나 걸려 있었는데, 이렇게 적혀 있었습니다: "사람은 그 입의 대답으로 말미암아 기쁨을 얻나니, 때에 맞은 말이 얼마나 아름다운고"(잠언 15:23).

그때 노래 소리가 내 귀에 크게 들려 왔습니다.

그 순간 나는 다시는 저쪽 길로 가지 않겠다고 결심하였습니다.

그런데, 며칠 후 내가 저쪽 길을 달리고 있는 것이 아니겠습니까? 내가 직접 운전하고 있었습니다. 내 등에는 한 짐이나 되는 문제들이 있었고, 나는 다시 두려움과 염려에 빠져 있었습니다. 노래 소리는 사라지고 들리지 않았습니다.

그래서 나는 소리쳤습니다: "절 좀 도와주세요. 기쁨의 고속도로로 돌아가는 길을 찾을 수가 없습니다. 저는 이 길은 죽어도 싫습니다. 제발 도와주세요."

그러자 어느새 나는 기쁨의 길에 있었고, 손님석에 앉아 있었습니다. 다시 주님께서 나의 운전사가 되셨습니다.

"어떻게 된 거죠? 뭐가 잘못되었죠?" 나는 그분께 물었습니다. "저는 저쪽 길로 돌아가려고 생각지도 않았습니다. 제가 왜 그랬죠?"

"나의 친구여, 너의 문제는 너무 네 자신을 바라본다는 것이다. 그리고 잘못된 것들을 바라본다. 네 눈을 저 하늘의 도성과 내가 너에게 가르쳐 준 보배들에 두어라. 네가 곁길로 빠져 저편 길로 가게 된 것은 나를 바라보지 않았기 때문이야."

"제가 어떻게 하면 그걸 막을 수 있죠?"

"나는 이미 너에게 돕는 분을 보내 주었다." 나의 운전사는 말씀하셨습니다. "그러나, 너는 아직까지도 그분이 너와 함께 계시는 것을 모르고 있는 것 같다."

내가 우리와 함께 차를 타고 가시는 분이 또 한 분 계시다는 것을 알게 된 것은 바로 그때였습니다. 그분은 강하고 능력이 충만한 분이셨습니다.

나의 운전사가 말씀하셨습니다: "오래 전, 내가 이땅에 있을 때 나의 제자들에게, '내가 아버지께 구하겠으니, 그가 또 다른 보혜사를 너희에게 주사 영원토록 너희와 함께 있게 하실 것이다'(요한복음 14:16)고 말했다. 성령은 너와 항상 함께 거하실 것이요 네 속에 계실 것이다(요한복음 14:17). 그분은 너에게 기쁨을 주실 것이요, 네 기쁨을 빼앗을 자가 없을 것이다. 그분은 너의 요청에 언제라도 즉각 응답하실 것이다. 아까 네가 도움을 부르짖을 때 너를 이 길로 옮긴 분이 바로 그분이시다. 그분을 의지하라!"

그때 노래 소리가 다시 들렸습니다. 노래 소리는 점점 커지더니, 나의 온 몸과 마음을 사로잡았습니다. 너무도 아름다웠습니다. 내 마음과 삶 속에는 기쁨의 노래가 충만했습니다. 나는 똑바로 "위엣 것"을 바라보며, 성령의 도우심과 능력을 의지하고, 나의 운전사이신 주님을 믿음으로, 계속 기쁨의 고속도로를 달릴 수 있었습니다. 이 말이 내 귀에 우렁차게 들렸습니다: "대저 하나님께로서 난 자마다 세상을 이기느니라. 세상을 이긴 이김은 이것이니, 우리의 믿음이니라. 예수께서 하나님의 아들이심을 믿는 자가 아니면 세상을 이기는 자가 누구뇨?"(요한일서 5:4-5).

* * *

장면이 사라졌습니다. 그러나, 그 진리는 분명하게 남아 있었습니다. 나는 나의 문제들과 나의 환경들이라고 하는 무거운 짐 아래 눌려 납작하게 된 채 살 수도 있고, 그것들을 기쁨으로 여기기로 선택할 수도 있습니다. 그것들을 기쁨으로 여길 때 나는 그것들로부터 자유롭게 되어 하늘 높이 날아오를 수 있습니다. 그리고 나는 언제나 주님의 날개 밑에서 편안히 쉬게 됩니다.

적용을 위한 성경공부

1. 이번주를 돌이켜보면서 당신이 즐거웠던 때를 적어 보십시오. 그 이유는 무엇입니까? 또 당신에게 기쁨을 주었던 사람들이나 사건들을 적어 보십시오. 만일 적을 것이 너무 적거나 없다면, 그 이유가 무엇인지 자신의 삶을 조용히 돌아보십시오. 당신은 어디서 도움을 구할 수 있습니까?

    _____
    _____
    _____
    _____

2. 갈라디아서 5:22-23을 읽으십시오. 희락(기쁨)이 성령의 열매라고 했는데, 이것이 무슨 의미라고 생각합니까?

    _____
    _____

3. 무엇이 우리에게 기쁨을 줍니까? 시편 16:8-9, 잠언 12:25, 잠언 23:24, 사도행전 16:34, 로마서 14:17-18, 요한이서 12.

_____

_____

_____

또한 사랑하는 이들의 삶 속에서 하나님께서 역사하시는 것을 보는 것도 우리의 기쁨입니다. 진실로 그런 사람들을 보는 것만도 기쁨을 가져다 줍니다. 나는 일 년에 두 번 멕시코에 선교사로 가 있는 딸네를 방문하는데, 거기에 갈 때마다 기쁨이 넘치는 것을 경험합니다. 주님을 위해 열심히 수고하는 사위와 딸, 그리고 손자, 손녀를 볼 때 나는 기쁨이 충만합니다.

우리는 또한 그리스도 안의 형제 자매들과의 교제를 통하여, 그들 가운데서 역사하시는 하나님의 놀라우신 손길을 보며 감사와 찬양을 돌리며, 마음에 기쁨이 가득 차게 되는 것을 경험합니다. 바울은 그리스도 안의 형제 자매들을 만날 수 있도록 열심히 기도했습니다.

4. 시편 126:3을 암송하십시오. 또는 이 장에서 당신에게 감동을 준 구절을 하나 택하여 암송하십시오.

4
기쁨 안에서 자라 감

어머니는 심히 근심스런 눈으로 의사를 쳐다보았습니다. "제가 어떻게 해야지요?" 하고 어머니는 물었습니다. "이 아이는 화가 나면 얼굴이 새파래질 때까지 숨을 안 쉬어요. 그러다가 아기가 죽는 것은 아닌가요?"

의사는 머리를 흔들더니 미소를 지으며 말했습니다: "염려하지 마십시오. 숨을 안 쉬어 의식을 잃게 되면 자동적으로 다시 숨을 쉬게 됩니다. 아기는 그런 식으로는 안 죽습니다."

의사는 현명한 사람이었습니다. 어쨌든, 나는 어릴 적에 화가 나면 머리를 벽에 처박곤 했고, 이 때문에 어머니는 염려를 많이 하셨습니다. 내가 좀 자라자 부모님은 내가 화를 표현할 수 있는 방법을 제한하셨습니다. 나는 누구를 때리거나, 고함을 지르거나, 욕을 하거나, 물건을 내던질 수가 없었습니다. 그래서 나는 화가 나면, 계단을 세게 쾅쾅 밟거나, 방문을 아주 세게 쾅 닫거나 두드리고, 힘이 다 빠질 때까지 징징 흐느껴 욺으로써 화풀이를 했습니다.

결혼하고 나서 우리가 이사간 집은 침실문이 미닫이였습니다. 어머니는 그 문을 보시더니, 쾅 닫을 문이 없어서 얼마나 어렵느냐고 내게 말씀하셨습니다. 그러나 그때는 이미 하나님께서 내 안에 역사하셔서 그러한 습관이 없어진 후였습니다.

야고보서 1:19-20에 이렇게 말씀하고 있습니다: "내 사랑하는 형제들아, 너희가 알거니와, 사람마다 듣기는 속히 하고 말하기는 더디 하며 성내기도 더디 하라." 오랫동안 내 삶은 이 말씀과는 거리가 멀었습니다. 그리고 지금은 이 면에서 많이 발전을 했지만, 아직도 부끄러운 모습을 보이는 때가 종종 있습니다. 하지만, 나는 하나님을 의지하는 가운데 이 말씀대로 살려고 열심히 노력하고 있습니다.

그런데 하나님께서는 성내기도 더디 하라는 말씀을 하시기 전에 다른 것들을 말씀하고 계십니다. 당신은 야고보서 1장을 생각할 때 어떤 내용이 떠오릅니까? 고난? 두 마음을 품은 사람? 아마 대부분 이것부터 생각할 것입니다. 하지만 나는 **기쁨**에 대하여 생각합니다.

앞 장에서 내가 기쁨에 대하여 비유를 들어 설명했는데, 그런 비유가 떠오른 것은 그때 내가 야고보서를 공부하고 있었기 때문입니다. 야고보가 우리에게 주는 첫 번째 교훈은, 우리의 삶에는 문제들이 닥치는데, 우리가 그 문제 밑에 눌려 살 것인가, 아니면 그 문제를 딛고 자유한 가운데 살 것인가는 우리의 선택에 달려 있다는 것입니다. 우리는 자신의 행동에 대하여 책임이 있습니다. "내 형제들아, 너희가 여러 가지 시험을 만나거든 온전히 기쁘게 여기라. 이는 너희 믿음의 시련이 인내를 만들어 내는 줄 너희가 앎이라. 인내를 온전히 이루라. 이는 너희로 온전하고 구비하여 조금도 부족함이 없게 하려

함이라"(야고보서 1:2-4).

　나에게 필요한 것이 바로 인내였습니다. 나는 이 인내를 온전히 이루어야 했습니다. "온전하고 구비하여 조금도 부족함이 없는" 사람이 되기 위해서입니다. 그러면 이것을 어떻게 이룰 수 있습니까? 믿음의 시련을 통하여 이룰 수 있습니다. 나는 시련이나 시험을 좋아하지 않지만, 성경에서 그렇게 말하고 있습니다. 시련은 외견상 우리의 적으로 보이나, 사실은 변장한 우리의 친구입니다.

　당신은 최근 당신에게 닥친 시련들을 기쁘게 맞이한 적이 있습니까? 나는 그렇게 하기가 참 어렵다는 것을 솔직히 인정합니다. 나는 크게 화를 낼 때도 종종 있습니다.

　그러면, 삶에 어려움들이 닥칠 때 어떻게 하면 그것들을 기쁘게 여길 수 있습니까? 나의 삶이 기쁨으로 충만하게 하기 위하여 내가 할 수 있는 일은 무엇입니까? 하나님께서는 그 방법을 몇 가지 가르쳐 주십니다. 우리가 그것을 실천하기만 하면, 우리의 삶은 아름다운 천국의 음악으로 가득 찰 것입니다. 그 노래 소리가 얼마만하게 들리느냐는 우리의 수신 능력에 달려 있습니다. 우리의 마음과 눈이 어디에 가 있는가에 따라 그 노래 소리는 희미하게 들리기도 하고 크게 울려 퍼지기도 합니다.

　하나님께서는 우리에게 어려움이 닥칠 때 그것을 "기쁘게 여기라"고 말씀하십니다. 그분은 그것을 **명령**하고 계십니다. 그리고 그분이 우리에게 그것을 명령하고 계신 이상, 또한 성령으로 말미암아 우리에게 그 명령을 실행할 수 있는 능력을 주실 것입니다. 그러면 구체적으로 **어떻게** 하십니까?

말씀

하나님의 말씀은 우리를 기쁨으로 충만케 할 것입니다. 예수님께서는 제자들에게 "내가 이것을 너희에게 이름은 내 기쁨이 너희 안에 있어 너희 기쁨을 충만하게 하려 함이니라"(요한복음 15:11)고 말씀하셨습니다. 예수님께서 말씀하신 모든 놀랍고 귀한 진리들 – 예수님 자신의 말씀 – 은 정녕 우리를 기쁨으로 충만케 합니다.

그것은 사실입니다. 우리가 작은 기쁨밖에 소유하지 못하느냐, 아니면 기쁨으로 가득 차느냐는 우리에게 달려 있습니다. 끝없이 솟아 나오는 기쁨의 샘이 있습니다. 작은 티스푼으로 떠 마시느냐, 컵으로 떠 마시느냐, 아니면 바가지로 퍼 마시느냐는 우리에게 달려 있습니다. 당신은 어떤 것으로 떠 마시겠습니까? 말씀은 기쁨의 샘입니다. 우리는 말씀의 우물에서 무엇으로 떠 마시고 있습니까?

하나님의 약속의 말씀을 읽음으로써 기쁨이 충만하게 되어, 기뻐 껑충껑충 뛰며 손뼉을 쳐본 적이 있습니까? 최근에 그런 경험이 있습니까? 하나님께서는 우리의 가슴이 하나님의 말씀으로부터 나오는 놀라운 기쁨으로 차고 넘치기를 원하십니다.

먼저 그런 기쁨을 달라고 하나님께 구하십시오. 그 다음 기대감을 가지고 말씀 속으로 파고 들어가 보물들을 캐내십시오. 이 일은 저절로 되는 일이 아닙니다. 시간과 에너지를 기꺼이 투자해야 합니다.

한 훌륭한 바이올리니스트가 있었습니다. 공연이 끝난 후 그는 큰 찬사를 받았습니다.

어떤 사람이 그에게 와서 말했습니다: "정말 멋있었습니다. 감동적인 연주였습니다. 저도 그런 연주를 할 수 있다면 제 생명이라도 바치겠습니다."

그러자 그 연주자는 "저는 그렇게 했습니다"라고 대답했습니다.

기쁨으로 충만하기 위해서는 헌신이 필요합니다. 일순간의 헌신이 아니라, 전생애를 바치는 헌신을 요구합니다.

결과를 바라보라

우리에게 닥친 시련들을 기쁘게 여기기를 원한다면, 우리는 최종 결과에 우리의 눈을 두어야 합니다. 모든 시련들 속에는 하나님께서 우리의 삶 가운데서 성취하시기를 원하시는 하나의 목적이 있습니다. 그런 시련들을 통하여 하나님께서는 나의 인격을 연마하여 그 아들의 형상으로 변화시키시며, 나의 속사람을 완전케 하시는 것입니다. 내 속에는 하나님의 손길이 닿아 깎이고 고쳐지고 변화되어야 할 부분이 너무도 많습니다. 만일 내가 눈앞에 보이는 환경을 넘어서 최종 결과들을 볼 수 있다면, 내 안에서는 계속 기쁨이 솟아날 것입니다. 믿음의 시련이 우리에게 가져다 주는 결과는 정말 놀랍습니다. 야고보서에는 그중 한 가지가 나와 있지만, 얼마나 귀한 것인지 모릅니다. 믿음의 시련은 인내를 만들어 내며, 이 인내를 온전히 이룰 때, 우리는 온전하고 구비하여 조금도 부족함이 없는 사람으로 성장할 것입니다. 이러한 성장 과정을 통하여 우리는 성숙한 인격을 지닌 사람이 될 것입니다.

하나님의 뜻을 발견함이라는 책에서 워렌 마이어즈는 이렇게 말했습니다: "종종 우리는 우리에게 무엇이 좋은지 자신이 하나님보다 더 잘 안다고 생각합니다. 어떤 사람들은 자기가 원하는 것을 자기가 원하는 때에 얻기를 원합니다. 지금 우리에게 기쁨과 만족과 성취감을 가져다 주는 것을 우리는 원합니다. 하나님께서도 역시 우리의 현재의 기쁨에 대하여 관심을 가지고 계십니다. 그러나, 하나님께서 훨씬 더 관심을 갖고 계시는 것은 어떠한 환경 가운데서도 기뻐할 수 있을 만큼 우리의 인격이 성숙하는 것입니다. 하나님께서는 우리가 우리의 삶에서 일어나는 것들에 지배받지 않는 기쁨, 결코 위협을 받지 않는 안전한 기쁨을 배우기를 원하십니다. 하나님께서는 우리가 억지로 짜낸 만족이 아니라, 넘쳐흐르는 만족 가운데 살기를 원하십니다."

그 기쁨은 "우리의 삶에서 일어나는 것들에 지배받지" 않습니다. 그 기쁨은 하나님의 학교에서 어려운 과목들을 이수함으로써만 배울 수 있습니다.

우리가 그 과목들의 최종 결과를 바라본다면, 우리는 기쁨과 인내로 수업을 받으며, 시험에 임하고, 또 기말 논문을 열심히 작성할 것입니다. 에이미 카마이클은 그러한 적극적인 태도에 대하여 다음과 같이 쓰고 있습니다:

아들   – "제게서 멀리 떠나지 마소서. 시련이 닥치나이다. 시련이 닥칠 때 어떻게 기뻐할 수 있으며, 또 평안할 수조차 있지요?"

아버지 – "너의 구세주는 베다니에 가시기 전, 시련이 닥쳐왔을 때 평안하셨다. 그리고 그는 제자들에게 '나는 기쁘다'고 말씀하셨다. 이는 그가 보이는 것을 바라보시지 않고, 보이지 않는 것을 바라보셨기 때문이다. 너는 이렇게 할 수 없느냐? 닥쳐오는 시련을 꿰뚫어 그 시련 너머에 있는 것을 바라보아라. 그러면 너는 평안할 수 있으며, 또 '나는 기쁘다'라고까지 말할 수 있을 것이다. '여호와께서 홍수 때에 좌정하셨음이여, 여호와께서 영영토록 왕으로 좌정하시도다. 여호와께서 자기 백성에게 힘을 주심이여, 여호와께서 자기 백성에게 평강의 복을 주시리로다'(시편 29:10-11)."

순종

하나님께서 말씀하시는 것을 행하면 우리에게 기쁨이 있을 것입니다. "시험을 참는 자는 복이 있도다. 이것에 옳다 인정하심을 받은 후에 주께서 자기를 사랑하는 자들에게 약속하신 생명의 면류관을 얻을 것임이니라"(야고보서 1:12).

    나의 혀의 재갈을 풀고 싶을 때 혀에 재갈을 먹이는 것, 감정이 폭발하려고 할 때 열까지 세는 것, 화가 날 때 과거에 집착하며 자기 연민에 빠지기보다는 그것에 직접 맞부닥쳐 열심히 해결하는 것 - 나의 기질로 말미암아 겪는 시련을 통하여 나는 영적으로 더욱 성장하게 됩니다. 나는 그러한 시련이 닥칠 때마다 하나님께서 내게 말씀해 주시는 것에 순종함으로써 더욱 그리스도를 닮은 사람으로 변화되었으며, 이를 통하여 참된 기쁨을 얻었습니다.

* * *

여기서 우리가 기억해야 할 것은 기쁨은 단지 하나의 감정이 아니라는 것입니다. 우리가 기쁨을 선택하는 일을 계속 실천할 때 결국에 가서 기쁨의 감정이 일어나는 것이 사실이지만 기쁨은 하나의 감정이 아닌 것입니다. "기쁨의 감정이 생길 때라야 기쁨의 행동을 하겠다고 생각하지 마십시오. 기쁨의 행동을 하면 기쁨의 감정이 따르게 됩니다"고 한 말을 기억하십시오. 결혼 생활에서의 사랑도 마찬가지입니다. 또 한 가정의 화목과 명랑함에 있어서도 마찬가지인 것입니다.

우리가 어쨌든 순종하면 기쁨의 감정이 따를 것입니다. 그리고 우리는 감정이 따르든 안 따르든 순종해야 합니다. 엘리자베스 엘리어트는 이렇게 말합니다: "하나님께서는 자주 아무 감정도 따르지 않게 하십니다. 어떤 때는 심지어 강한 부정적인 감정이 따르게도 하십니다. 그러나 그 까닭은 우리로 하여금 단순히 따르며, 단순히 순종하며, 단순히 믿고 의지하도록 하기 위한 것입니다."

이러한 사실을 마음에 두고서, 우리는 기쁨의 감정이 없을지라도 기쁨의 행동을 선택하는 일에 헌신해야만 합니다. 그 다음 하나님께서 하나님의 때에 우리에게 기쁨의 감정을 주시리라는 것을 믿어야만 합니다.

나는 에이미 카마이클의 다음 말을 참 좋아합니다:

아들 – "제가 기대했던 것이 아무것도 일어나지 않으며, 또 제가 결코 일어나지 않기를 바라던 것들이 일어나게 될 때, 이것을 어떻게 기뻐할 수 있는지 전 알 수 없습니다."

잠시 동안 아버지는 말이 없었습니다. 그리고 아들도 말이 없었습니다. 마침내 아버지는 이렇게 말했습니다: "성경에 너의 사랑하는 주님에 대하여, '너의 하나님이 즐거움의 기름을 네게 부으셨다'고 기록되어 있다(히브리서 1:9, 시편 45:7). 그리고 주님께서는 그 기름을 네게 부으셨다." 이어 아버지가 아들에게 한 말은 아들에게는 너무도 놀라운 말씀이었습니다. 아버지는 분명하게, "네가 기뻐하니 나도 기쁘다"고 말했습니다.

너무도 놀랍습니다! 우리의 기쁨은 하나님께 기쁨을 가져다드립니다.

하나님께서는 우리에게 충만한 기쁨을 주기를 원하십니다. 하나님께서는 우리의 삶이 기쁨으로 **차고 넘치기**를 원하십니다. 그래서 나는 이렇게 기도했습니다: "주여, 기쁨으로 차고 넘치는 **구체적인 방법**을 계속 보여 주소서."

적용을 위한 성경공부

1. 많은 것들이 우리에게 기쁨을 가져다 줄 것이며 또 가져다 줄 수 있습니다. 그런데, 시편 16:11, 요한복음 3:29-30, 사도행전 13:52에 의하면, 기쁨을 소유하기 위한 필수적인 요소는 무엇입니까?

   _____
   _____
   _____
   _____

2. 요한복음 15:11을 자신의 말로 쓰십시오. "이것"이란 무엇입니까? "이것"은 실제적으로 어떻게 우리에게 기쁨을 줄 수 있습니까? 그리스도의 말씀이 당신에게 참된 기쁨을 준 경우를 찾아 구체적으로 어떻게 기쁨을 주었는지 설명해 보십시오.

   _____
   _____
   _____
   _____

3. 요한복음 16:24을 읽으십시오. 기도 응답을 인하여 당신에게 기쁨이 충만했던 경험이 있습니까? 가장 최근의 예를 들어 보십시오. 당신은 현재 기도 생활에서 얻는 기쁨에 만족하십니까? 아니면 하나님과 대화하는 당신의 기도 생활에서

개선해야 할 점이 있습니까?

_____

_____

_____

우리가 기쁨이 넘치는 기도 생활을 하지 못하는 여러 가지 이유 중 하나는 기쁨의 기초 중 하나를 잃어버렸다는 것입니다. 당신은 구원받은 것으로 인해 매일 매순간 기쁨이 넘칩니까? 아니면 그런 적이 별로 없습니까? 한 1년 전인가 기쁨에 대하여 기도하고 있을 때 시편 51:12이 갑자기 떠오른 적이 있습니다: "주의 구원의 즐거움을 내게 회복시키시고, 자원하는 심령을 주사 나를 붙드소서."

같은 주간에 나는 누가복음 10:18-22을 읽었는데, 귀신들이 그리스도의 이름으로 제자들에게 굴복했을 때, 제자들은 너무도 기뻤습니다. 이에 그리스도께서도 기뻐하셨습니다. 그러나 이렇게 말씀하셨습니다: "그러나, 귀신들이 너희에게 항복하는 것으로 기뻐하지 말고, 너희 이름이 하늘에 기록된 것으로 기뻐하라." 그리스도께서 제자들에게, 하나님의 나라를 확장시키는 데 그들이 어떻게 쓰임받는지에 대하여 기뻐하지 말라고 말씀하고 있는 것은 아니라고 생각합니다. 주님께서 말씀하시는 것은 "너희가 기뻐해야 할 첫 번째 이유는 너희가 나의 것이라는 것 때문이다. 너희의 구원을 기뻐하라"는 것입니다. 우리가 만일 우리의 구원에 대하여 기뻐하고 있다면, 환경이 좋을 때든 나쁠 때든 언제나 기뻐할 것입니다.

4. 성경 말씀과 기도 응답은 모두 우리에게 기쁨을 가져다 줍니다. 요한복음 15:11과 16:24에 의하면, 이 두 가지 선물 - 말씀과 기도 응답 - 이 우리가 "하나님으로 충만해지도록" 어떻게 도와주는지 써보십시오. 하나님께서는 기쁨의 근원이십니다.

_____

_____

_____

_____

5. 시편 16:11을 암송하고, 이 말씀을 이번 주간에 묵상하십시오.

5
기쁨으로 충만함

코르크로 된 나의 펜꽂이에 달린 작은 카드에 이렇게 적혀 있습니다:

기쁨이란
만왕의 왕이신
하나님께서 살고 계시는
성에서 나부끼는
깃발이다!

"하나님께서 살고 계시는 성!" 하나님께서 일시 머물다 가는 손님이 아니라, 주인으로 우리 안에 살고 계실 때 - 우리의 삶이 삼위일체 하나님으로 충만할 때 - 우리의 기쁨은 충만할 것입니다. (성부 하나님 - 시편 16:11; 성자 하나님 - 요한복음 3:29, 베드로전서 1:8, 요한복음 17:13; 성령 하나님 - 사도행전 13:52, 누가복음 10:21, 갈라디아서 5:22). 기쁨은 하나님 안에만 있으며, 하나님으로부터만 나온다는 사실을 나는 자주 기억

해야 할 필요가 있습니다.

어느 날 나는 잠언을 읽다가 너무도 기뻐 의자에서 벌떡 일어났습니다. 평범한 달의 평범한 주의 평범한 요일이었습니다. 그러나 잠언 8:30-31 말씀은 평범한 요일이 어떻게 비범한 요일이 될 수 있는가를 내게 보여 주었습니다: "내가 그 곁에 있어서 창조자가 되어 날마다 그 기뻐하신 바가 되었으며, 항상 그 앞에서 즐거워하였으며, 사람이 거처할 땅에서 즐거워하며, 인자들을 기뻐하였었느니라."

본문 말씀에서 "나"란 지혜를 가리키며, 그것은 그리스도의 그림자입니다. 그리스도께서 내 안에 살고 계시기 때문에(갈라디아서 2:20), 나도 역시 이러해야 합니다. 이 구절에 우리를 기쁨으로 충만케 할 세 가지가 나옵니다.

첫째로 우리는 "그(하나님) 앞에서 즐거워해야 합니다." 성경은 우리에게 "주 안에서 기뻐하라"고 명령합니다. 우리가 하나님 안에서 기뻐하며 즐거워하지 못한다면, 나머지 두 영역에서도 기뻐할 수 없을 것입니다.

욥은 절망 가운데서, 그에게 베푸신 하나님의 사랑과 축복을 회상하였습니다. 욥은 이렇게 말했습니다: "내가 이전 달과 하나님이 나를 보호하시던 날에 지내던 것같이 되었으면. 그때는 그의 등불이 내 머리에 비취었고, 내가 그 광명을 힘입어 흑암에 행하였었느니라. 나의 강장하던 날과 같이 지내었으면. 그때는 하나님의 우정이 내 장막 위에 있었으며, 그때는 전능자가 오히려 나와 함께 계셨으며, 나의 자녀들이 나를 둘러 있었으며, 뻐터가 내 발자취를 씻기며, 반석이 나를 위하여 기름 시내를 흘려 내었으며"(욥기 29:2-6).

하나님께서 나를 보호하셨다, 내가 흑암 속을 걸어갈 때 하나님께서 빛을 주셨다, 하나님의 따뜻한 손길이 우리 가정을 지켜 주셨다, 버터가 나의 발자취를 씻겼다, 반석이 나를 위하여 기름 시내를 흘려 내었다…. 당신은 당신에게 베푸신 하나님의 사랑과 축복을 얼마나 자주 회상해 봅니까? 날마다 순간마다 당신을 향하신 하나님의 놀라우신 사랑과 은혜를 기억하고 있습니까? 만일 그렇지 못하다면, 당신은 하나님의 축복을 찾지도, 그것을 위해 기도하지도 않고 있다는 것을 의미할 수도 있습니다. 나는 물질적인 축복에 대하여 말하고 있는 것이 아니라, 하나님의 은혜의 부요함에 대하여 말하고 있습니다.

둘째는, "사람이 거처할 땅에서 즐거워하는" 것입니다. 하나님께서 지으신 세계를 즐거워하는 것입니다. 콜로라도스프링스에서는 이렇게 하기가 별로 어렵지 않습니다. 오늘 같은 날은 그대로 종이에 담아, 362장 정도 복사해 두고 싶은 날입니다. 일년 365일 내내 오늘과 같으면 약간 단조로울 수도 있으니까. 높고 푸른 하늘, 눈 덮인 파이크봉, 수정처럼 맑은 공기, 따사한 햇빛 - 오늘 아침 나는 산보하면서 내내 하나님께서 지으신 아름다운 세계에 대하여 하나님을 찬양하는 시간을 가졌습니다. 나는 10년 전, "주님, 이 아름다움을 제가 당연하게 여기지 않게 하소서" 하고 기도한 적이 있었습니다. 그럼에도 불구하고 나는 종종, 이 콜로라도에서도 하나님께서 지으신 세계를 즐거워하지 못하는 경우가 있습니다. 그래서 나는 지금도 역시 의식적으로 하나님께서 지으신 자연에 대하여 하나님께 감사와 찬양을 드리는 시간을 가지려고 노력합니다. 꽃을 들여다보며 그 아름다움에 감탄하며, 해지는 광경을 바라보며, 잔디 위를 맨발로 거닐어 보며, 나뭇잎에 떨어지는 빗방울의 아름다운 음악에 귀를 기울이며, 하나님께서 만드신 천연적인 베이스 오르간인 천둥소리를 감상하며 창조주 하나님께 감사하며 찬양하는 시간을 갖습니다.

하나님 자신이 그 지으신 세계를 기뻐하셨습니다: "그때에 새벽별들이 함께 노래하며 하나님의 아들들이 다 기쁘게 소리하였었느니라. 네가 나던 날부터 아침을 명하였었느냐? 새벽으로 그 처소를 알게 하여 그것으로 땅 끝에 비춰게 하고 악인을 그 가운데서 구축한 일이 있었느냐?"(욥기 38:7,12-13).

새벽별들의 합창을 들으며 기뻐한 적이 있습니까? 밝아 오는 새벽을 보기 위하여 일어나 본 적이 있습니까? 최근에 그러한 경험이 있습니까?

인도의 개척 선교사인 제스 브랜드가 아들 폴에게 보낸 편지를 읽은 적이 있습니다. 나는 그 편지를 읽으면서 경건한 마음으로 옷깃을 여미었습니다. 사랑하는 아들딸과 떨어져, 가장 원시적인 환경 조건에서 우리가 도저히 상상할 수 없는 어려움들을 기쁨으로 인내하면서, 그는 이렇게 썼습니다:

> 어제 쿨리발라부 근방에 있는, 바람이 휘몰아치는 언덕 꼭대기에 올라가면서 나는 "하늘은 높고 푸르고, 아름다운 꽃들이 활짝 피었네"로 시작되는 찬송을 불렀단다. 이렇게 먼길을 혼자 올라가면서, 이 아름다운 자연, 사랑스러운 갈색의 땅, 바위에 난 이끼, 눈처럼 휘날려 계곡에 쌓인 갈색의 나뭇잎들을 감상하며, 하나님의 아름다움을 묵상했단다. 하나님께서는 우리가

그분이 창조하신 세계 속에서 기뻐하며 즐거워하기를 원하신단다. 하나님께서 지으신 이땅을 유심히 관찰하며, 너를 이땅에 두신 것에 대하여 감사하며 경배하는 마음으로 늘 하나님을 바라보아라.

나는 나에게도 이런 마음을 주시도록 하나님께 기도하였습니다. 나는 정기적으로 아름다우신 하나님께서 창조하신 세계 속에서 기뻐하며 즐거워하는 시간을 가지려고 노력하고 있습니다.

셋째로, 우리는 "인자들을 기뻐해야" 합니다. 우리는 사람들을 기뻐해야 합니다.

우리는 흔히 우리가 알고 있는 사람들을 두 부류로 나누는 것 같습니다. 하나는 우리가 기뻐할 수 있는 사람들이요, 다른 하나는 우리가 기뻐할 수 없는 사람들입니다.

하나님께서는 우리가 모든 사람들을 기뻐하기를 원하십니다. 주님 안에서 나는 이 사실을 더욱더 깊이 깨닫고 있습니다. 특히 하나님께서 그의 자녀로 부르신 사람들에 대하여는 더욱더 기뻐해야 하는 것입니다. 이를 위해서 나는 빌립보서 4:8 말씀을 실천하지 않으면 안 됩니다: "이제 형제들이여, 이 편지를 끝맺기 전에 한 가지 더 말할 것이 있습니다. 여러분의 생각을 진실한 것과 선한 것과 옳은 것에 고착시키시오. 순수하고 사랑스러운 것을 생각하고, 남의 아름다운 점과 좋은 점을 보도록 하시오. 하나님을 찬양하는 일과 기쁘시게 하는 일만을 생각하시오"(현대어성서).

남에 대하여 부정적이 되기는 쉽습니다. 남에 대하여 긍정적인 말을 하는 데는 노력이 들어도, 부정적인 말을 하는 데는 아무 힘도 들지 않습니다. 부모들을 대상으로 한 어떤 조사에서, 그들이 자녀들에게 부정적인 말을 얼마나 하는지 적도록 했습니다. 그 결과, 부모들은 자녀들을 한 번 칭찬하고 열 번 비판했다는 사실이 드러났습니다. 칭찬보다 비판을 10배나 많이 한다는 것입니다. 또 플로리다 주의 올란도에서 교사들을 대상으로 실시한 한 조사에 의하면, 교사들의 75%가 학생들에 대하여 부정적인 것으로 나타났습니다. 교사가 한 아동에게 부정적인 말을 한 번 하면, 그 영향을 상쇄시키기 위해서는 네 번 긍정적인 말을 해주어야 한다고 합니다.

우리는 종종 다른 사람들 속에 있는 부정적인 면들을 생각합니다. 특히 그들이 나의 감정을 상하게 했거나 기분 나쁘게 했던 경우에는 더욱 그러합니다. 또 사람들은 자기 자신 안에 있는 부정적인 면들을 보며 자기 연민에 빠지기도 합니다. 내 경우에는 특별히 내 자신 안에 있는 부정적인 면들이 나를 괴롭힙니다. 우리는 자기 자신이 하나님의 독특한 피조물이요 특별한 자녀라는 사실을 기억해야만 합니다. 나는 다른 사람들이나 내 자신에 대하여 생각할 때마다 빌립보서 4:8 말씀을 실천하려고 열심히 노력합니다.

잠언 8:30-31 말씀을 생각하면서 나는 스스로 이런 질문을 했습니다: "내가 의도적으로 부정적인 생각의 흐름을 중단시키고, 참되고 옳고 선한 것만을 생각하기로 결심한 적이 얼마나 자주 있는가?"(대답: 별로 많지 않다.) "나는 얼마나 자주 다른 사람들을 기뻐하는가?"(대답: 아마 한 달에 한 번? 기분이 좋은 경우.) 나는 자신의 대답에 약간 실망되기도 했습니다. 그러나 나는 낙심하지 않습니다. 내 안에 바로 지혜이신 그리스도께서 살고 계시기 때문입니다. 내 안에 계시는 그리스도의 능력과 도우심을 힘입어 나는 늘 긍정적인 것을 생각하며, 기뻐할 수 있습니다. 나는 해야 하며 또 할 수 있습니다.

기쁨은 자신의 의지의 행위로써 하나님과, 하나님께서 지으신 세계와, 하나님의 사람들 안에서 기뻐하기로 의도적으로 선택하는 것으로부터 나옵니다. 기쁨은 또한 우리의 기도에 대한 응답으로 하나님께서 세계와 사람들 속에서 역사하시는 것을 봄으로써 오기도 합니다.

내가 확신하건대, 우리의 삶이 기쁨과 활력이 넘치기보다는 힘이 없고 무미건조한 것은 매일의 삶 속에 하나님을 모셔들이지 않기 때문입니다. 우리 안에는 분명 그리스도가 계시건만, 우리의 삶을 살펴보면 그리스도 없이 사는 경우가 많습니다. 하나님께서는 우리와 일상적인 삶을 함께하시기를 원하십니다. 하나님께서는 우리에게 "나에게 구하라"고 말씀하셨습니다. 하나님께서는 자기에게 구하라고 간절히 부탁하셨습니다. 하나님께서는 자기에게 구하라고 우리에게 명령하셨습니다. 그러나, 우리는 하나님의 간절한 말씀을 따르지 않습니다. 우리는 많은 경우 하나님과는 무관한 삶을 사는 것입니다. 그리스도께서는 "지금까지는 너희가 내 이름으로 아무것도 구하지 아니하였으나, 구하라 그리하면 받으리니 너희 기쁨이 충만하리라"(요한복음 16:24)고 약속하셨습니다. 주님께서는 우리에게 기쁨을 주시겠다고, 기쁨이 충만하리라고 약속하셨습니다.

어느 날 어느 차에, "당신은 하나님의 자녀입니다. 제발 집에 전화를 하십시오"라고 쓴 스티커가 범퍼에 붙어 있는 것을 보았습니다. 나는 싱긋 미소를 지으면서, 그 자리에서 즉시 "집에 전화를 했습니다." 하루에 한 번도 하나님께 전화를 하지 않는 그리스도인들이 있습니다. 우리는 그래서는 안 됩니다. 성경은 우리에게 "쉬지 말고 기도하라"고 명령합니다. 사랑하는 하나님 아버지와 한 번도 말하지 않고 하루를 산다는 것이 과연 있을 수 있는 일이겠습니까? 우리는 매일 매일을 살아가면서 가장 작은 것들까지도 하나님께 말씀드리고, 그분의 생각과 뜻을 물으며, 그분과 상의하며, 그분이 나의 삶을 주장하시도록 해야 합니다

때로 기도하는 것은 일입니다. 그리고 그것은 하나의 선택입니다. 거기에는 우리의 의지가 관련되어 있습니다.

시들로우 벡스터는 그 점에 대하여 잘 말하고 있습니다: "우리의 기도 생활은 기분에 좌우되는 경우가 많습니다. 따라서 우리는 기도 생활을 기분과는 멀리 떼어놓아야 합니다." 그는 기도 생활을 그의 삶 밖으로 밀어내었던 적도 있었습니다. 그는 뉘우치고 다시 시도하였습니다. 그러나 다시 실패하였습니다. 그는 이에 낙심하지 않고 이를 주님께 자백하고 다시 시작하였습니다. 그는 이 과정을 늘 반복하고 있었습니다. 그러던 어느 날 그는 자신의 본성이 어떤가를 알게 되었습니다. 그는 내적인 싸움을 다음과 같이 멋진 비유로 표현했습니다:

> 나는 병적으로 자기를 분석하는 사람은 아닙니다. 그날 아침 나는 시들로우 벡스터라는 사람을 자세히 들여다보았습니다. 그때 나는 기도하기를 원하지 않는 어떤 부분이 내 안에 있다는 것을 알았습니다. 나는

그 사실을 인정하지 않을 수 없었습니다. 그것은 기도하기를 원하지 않았습니다. 그런데 더욱 자세히 살펴보니 내 안에는 기도하기를 원하는 부분들도 있다는 것을 발견했습니다. 내 안에서 기도하기를 원하지 않는 부분은 감정이었고, 원하는 부분은 이성과 의지였습니다.

나는 시들로우 벡스터에게 물었습니다. "벡스터, 너는 변덕이 심한 너의 감정에 너의 의지가 질질 끌려다니게 할 작정이냐?" 그리고는 나의 의지에게 물었습니다: "의지야, 너 기도할 준비가 되어 있니?" 그러자, 의지가 "예, 준비되었습니다" 하고 대답했습니다. 그래서 나는 의지에게, "자, 의지야, 우리 기도하자" 하고 말했습니다.

그래서 나는 의지와 함께 기도 장소로 발걸음을 옮겼습니다. 의지와 내가 발걸음을 옮기자마자, 나의 모든 감정들이 들고일어나 말하기 시작했습니다: "우리는 안 가겠소. 우리는 안 가겠소. 우리는 안 가겠소." 그래서 나는 의지에게 "의지야, 너 고수할 수 있어?" 하고 물었더니, 의지가 "예, 당신만 할 수 있으면" 하고 대답했습니다. 그래서 나는 의지와 함께 지독히도 가기 싫어하는 감정들을 끌고 기도 장소로 가서 한 시간 동안 기도했습니다.

만일 "당신은 좋은 시간을 가졌습니까?" 하고 내게 그 결과를 묻는다면, 당신은 내가 무어라고 대답하리라 예상하십니까? 좋은 시간을 가졌다고요? 아닙니다.

그것은 내내 싸움이었습니다.

 의지의 협력이 없었더라면 나는 어떻게 되었을지 모르겠습니다. 아주 간절하게 중보 기도를 하고 있는데, 나의 감정들 중의 하나가 골프장으로 가서 골프를 치고 있는 것이었습니다. 그래서 나는 골프장으로 달려가 "어서 돌아와" 하고 고함을 질렀습니다. 그것은 피곤한 일이었습니다. 기도하는 일이 힘이 들었지만, 우리는 끝까지 해냈습니다.

 그 다음날 아침이었습니다. 시계를 보니 기도할 시간이었습니다. 나는 의지에게 "의지야, 자, 기도할 시간이다" 하고 말했습니다. 그러자 모든 감정들이 나를 다른 방향으로 끌기 시작했습니다. 그래서 나는 의지에게, "의지야, 너 고수할 수 있니?" 하고 물었더니, 의지가 "예, 실은 어제 아침의 싸움 이후로 더 강해진 것 같아요" 하고 대답했습니다. 의지와 나는 다시 기도하러 갔습니다.

 어제와 같은 일이 벌어졌습니다. 감정들이 반항하고 떠들며 비협조적이었습니다. 만일 나에게 "즐거운 시간이었습니까?" 하고 묻는다면, 나는 당신에게 눈물을 흘리며, "아니오, 하늘이 노랬습니다. 딴 길로 가지 않고 기도에 마음을 집중한다는 것은 정말 일이었습니다. 나는 그 감정들과 내내 싸웠습니다"라고 말할 것입니다.

 이것은 약 2주 반 가량 계속되었습니다. 그러나 나와 의지는 그것을 고수했습니다. 그 후 셋째 주 어느 날 아침, 나는 시계를 보고 의지에게, "의지야, 기도할 시간이다. 너 준비됐니?" 하고 물었고, 의지는 "예, 준비되었습니다" 하고 대답했습니다. 우리가 막 기도하려고 하는데, 감정들 중 하나가 다른 감정들에게, "자, 친구들이여, 우리의 행동은 우리 자신을 괴롭히는 것 뿐입니다. 우리 자신을 괴롭혀 봐야 쓸데없는 짓입니다. 우리가 어떻게 하든 그들은 계속 기도하러 갈 것입니다" 하고 말하는 것이었습니다.

그날 아침 우리는 신비한 경험을 한 것도, 놀라운 환상을 본 것도 아닙니다. 다만 의지와 내가 기도하는 동안 감정들이 조용히 있어서 기도에 마음을 집중할 수 있었습니다. 이런 상태가 2 - 3주 계속되었습니다. 의지와 나는 감정들의 존재를 잊기 시작했습니다.

그러던 어느 날, 의지와 내가 하늘의 영광의 보좌 앞에서 열심히 기도하고 있는데, 감정들 중의 하나가 "할렐루야!" 하고 외치자, 다른 감정들도 모두 갑자기 "아멘!" 하고 외치는 것이었습니다. 처음으로 시들로우 벡스터의 모든 부분이 기도하는 일에 기쁘게 협력하였습니다. 그리고 천국문이 넓게 열리고 하나님께서 보좌에 앉아 계신 것이 보였고, 그리스도께서 그 우편에 계셨으며, 성령께서 움직이고 계셨습니다. 나는 그 동안 내내 하나님께서 나의 기도를 듣고 계셨다는 것을 알았습니다!

시들로우 벡스터의 이야기는 곧 나의 이야기입니다. 기도는 일입니다. 물론 그것은 가장 즐겁고 가장 놀라운 일임에 틀림없습니다. 우리는 예수 그리스도의 보혈의 공로를 힘입어, 만왕의 왕이요 만주의 주이신 하나님과 직접 얼굴을 맞대고 대화를 하는 것입니다.

그러나, 우리 자신의 인간적 본성, 세상과 세상의 유혹, 사회의 압력, 매일의 분주함 - 이러한 부정적인 요소들이 우리에게서 기도의 기쁨을 앗아가는 경우가 너무도 많습니다. 그래서 거기에 의지가 개입해야 하며, 의지는 기쁨이 다시 회복될 때까지 계속 개입하지 않으면 안 됩니다. 그리하여 우리가 은혜의 보좌 앞에서 기도하는 그 자체가 기쁨이 되어야 합니다. 사랑하는 하나님 아버지와 함께 이야기한다는 것 그 자체가 엄청난 기쁨이 아닙니까? 그리고 우리는 우리의 기도에 대한 하나님의 응답으로 인해 기쁨이 충만하게 됩니다.

기쁨으로 충만해지기 위해서는, 우리의 삶 속에서, 그리고 사랑하는 사람들의 삶 속에서 하나님께서 행하시는 기이한 일들을 보아야 합니다. 그리고 하나님께서 우리의 일상적인 생활 속에 함께하고 계신다는 것을 알아야 합니다. 하나님의 사랑, 하나님의 관심, 하나님의 인도하심은 우리에게 한량없는 기쁨을 줍니다. 하나님과 하나님께서 지으신 세계와 다른 사람들 안에서 즐거워하며 기뻐하십시오. 하나님의 말씀이 당신 속에서 차고 넘치게 하십시오. 당신에게 닥치는 시련들의 최종 결과를 바라보십시오. 모든 시련들은 당신에게 귀중한 가치가 있다는 것을 기억하십시오.

충만한 기쁨.

어떤 사람이 어느 그리스도인에게 물었습니다: "내가 당신이 모시고 있는 예수 그리스도를 영접하면, 내게 무슨 일이 일어납니까?"

그는 이렇게 대답했습니다: "당신은 계속 기적을 만나게 될 것입니다. 당신의 삶은 기적의 연속이 될 것입니다."

    아들   – "길이 험합니다."
    아버지 – "계속 한 걸음 한 걸음 발을 내딛어라. 그러면 점점 너의 본향 집에 가까이 이르게 될 것이다."
    아들   – "싸움이 치열합니다."
    아버지 – "자기 대장 가까이 있는 자는 적의 궁수들의 표적이 되는 것이 당연하다."
    아들   – "밤이 깊니다."
    아버지 – "그러나, 아침에는 기쁨이 온다."

                                에이미 카마이클

적용을 위한 성경공부

1. 당신은 항상 기쁨으로 충만해질 수 있다고 생각합니까? 자신의 생각을 적으십시오.

_____
_____
_____
_____

2. 시편 36:7-8과 유다서 24-25은 기쁨으로 충만해지는 것에 대하여 무엇을 말하고 있습니까?

　

　

　

3. 다음 구절들에 의하면, 참된 기쁨을 소유하기 위하여 우리는 무엇을 해야 합니까?
   가. 시편 27:6 _____

   　

   나. 시편 43:4-5 _____

   　

   다. 하박국 3:17-19 _____

   　

   라. 히브리서 12:2 _____

   　

   마. 히브리서 12:15 _____

바. 야고보서 1:2-5 _____
_____
_____

4. 기쁨 충만한 삶을 살기 위해 이번주에 당신이 해야 할 것들은 무엇입니까? 매일 아침 목록을 작성하고 실천하십시오.
_____
_____
_____
_____
_____

5. 이 장에서 당신에게 가장 의미 있었던 구절을 하나 암송하고 묵상하십시오.

6
찬양으로 충만함

아들 – 아버지께서는 저에게 찬양으로 충만하라고 말씀하셨습니다. 제 영혼에는 기쁨이 없습니다. 아버지, 제게 방법을 가르쳐 주소서.

아버지 – 영혼이 기쁨을 얻는 방법 가운데 하나는 네가 사랑하는 사람들의 삶 속에서 내가 역사하는 것을 보는 것이다. 자, 자세히 지켜보아라.

그 날은 여러 가지 작은 소리들로 시작되었습니다. 도란도란 이야기하는 소리, 물 흐르는 소리, 곤조(개의 일종)가 타일로 된 바닥을 또닥또닥 잦은걸음으로 걷는 소리…. 내가 몸을 움직이자 침대가 삐걱삐걱 하였습니다. 새벽 5:30이었습니다. 나는 억지로 눈을 떴습니다. 이윽고 정신이 완전히 들었습니다. 나는 빨간 커튼이 쳐진 문 밖으로 고개를 내밀고, "오늘이 바로 그날인가?" 하고 물었습니다.

재빨리 린(딸)과 팀(사위)이 한 목소리로 대답했습니다. "예,

드디어 그날이 왔어요."

나는 이틀 전 이국적이고도 멋이 있는, 멕시코의 구아나후아토에 도착했습니다. 둘째 아이를 낳을 린의 출산 직전에 시간을 맞춰 왔습니다. 린이 병원에 있는 동안 세 살인 에릭을 돌봐 줄 사람이 필요했기 때문입니다. 딸네가 살고 있는 이곳 아파트에 온 지 36시간 되었습니다. 그들은 3층에 살고 있었는데, 이제야 구조를 뭔가 좀 알 것 같았습니다.

린이 욕실에 들어간 직후 대단히 큰 비명 소리가 들렸습니다. "도와줘요. 아기가 나오고 있어요! 욕실에서 나갈 수가 없어요."

팀과 내가 욕실로 달려가 보니, 린이 등을 구부리고 수건 걸이를 있는 힘을 다해 붙잡고 매달려 있었습니다.

"우린 의사의 집이나 병원에 전화를 할 수가 없어요"라고 린이 부르짖었습니다.

팀은 전화기로 달려가 황급히 친구에게 전화를 걸어, 의사를 부르러 보냈습니다. (그 의사 집에는 전화가 없었습니다.)

우리는 의사가 오면, 의사를 태우고 함께 병원으로 가기로 했습니다. 그러나 15초 만에 이 계획은 사라져 버렸습니다.

"시트!" 하고 팀이 소리쳤습니다. 나는 침대로 가서 시트 한 장을 잡아채 왔습니다. "린을 침대로 옮겨야겠어요."

그러나, 린은 그 대여섯 발자국도 옮길 수 없었습니다! 하는 수 없이 팀은 린을 욕실 바닥에 편히 뉘었습니다. 능숙하게 린 밑에 시트를 깔고, 베개로 머리를 괴었습니다. 린의 몸이 작은 욕실 입구를 막고 있었기 때문에, 나는 린의 머리를 붙들어 주러 안으로 들어갈 수조차도 없었습니다.

팀은 한 번에 세 가지 일이나 하느라 애쓰고 있었습니다. 전화로 도움을 청하랴(나는 스페인어를 모릅니다), 린이 계속 힘을 쓰는 동안 린의 팔을 붙들어 주랴, 아기를 분만시키랴…

린이 부르짖는 소리에 에릭이 잠이 깼습니다. 에릭은 눈을 휘둥그레 뜨고 깜짝 놀란 얼굴로 방문에 나타났습니다. 나는 에릭을 방안으로 데리고 들어가 있으려고 했으나, 에릭은 막무가내로 아빠를 부르며 울어댔습니다. (그때 팀은 매우 바빴습니다.) 마침내 나는 에릭을 침대에 뉘고, 어리둥절해 있는 곤조를 쓰다듬어 주었습니다.

나는 무력감을 느꼈습니다. 팀에게 걸려 오는 전화도 하나 못 받았습니다. 전화벨이 울리면 나는 거의 미친 듯이, "전화 왔어, 자, 빨리!"라고 외쳤습니다.

팀은 훌륭했습니다. 그리고 린도 용감했습니다. 아기가 막 나오려는 순간이었습니다. 나는 그 순간을 보려고 들여다보았습니다. 팀은 탯줄이 머리를 감고 있어서 약간 두렵기도 했으나, 침착하게 아기를 받을 준비를 했습니다.

나는 거기를 떠나, 에릭을 돌보며, 물을 끓이고, 의사가 오나 하고 문을 지켜보며, 계속 기도했습니다. 린과 팀의 외침 소리가 뒤범벅이 되어 들려 왔습니다. "계속 힘 주어! 나오고 있어!" 나는 아기가 나오는 것을 보려고 그리로 달려갔습니다. 죽은 것처럼 보였고, 하여튼 사람이 아닌 것 같았습니다. 나는 염려가 되어 숨을 크게 들이쉬었습니다.

그때 작은 울음 소리가 들렸습니다. 완전히 밖으로 나오기 전인데도, 아기로부터 나오는 작은 울음 소리. 그 아기는 살아 있었습니다! 너무도 감격적인 순간이었습니다.

팀이 어깨를 가볍게 돌렸고, 바로 그때 린이 마지막 힘을 주었습니다. 팀이 소리치며 웃었습니다. "딸이야!" 그 순간 린도 행복감에 도취되어, 얼굴에 가득 웃음을 띠며, "하나님을 찬양합니다! 딸이야 딸! 엄마, 우리 딸 났어! 우리 새 아기 생겼어!" 하고 말했습니다.

팀은 온 몸이 피로 끈적끈적한 아기를 린의 품에 두었습니다. 바로 그때 내가 창문을 내다보니 한 여자가 차로 도착하는 것이었습니다. "여기로 올라오세요!" 하고 내가 소리쳤습니다. 그 여자는 친구인 에바였는데, 간호원이었습니다. 그녀는 침착하게 아기를 넘겨받아, 팀의 새 신발 끈으로 탯줄을 묶고, 소독한 부엌 가위로 끊고, 태반을 받았습니다(그것은 검사하기 위하여 보관했습니다). 그리고 아기를 내가 데운 물에 씻겼습니다(물을 데운 것, 이것이 내가 한 작은 기여였습니다).

금새 – 아니면 그렇게 보였는지도 모릅니다 – 아파트는 10명의 사람들로 가득 찼는데, 거기에는 두 의사와 가까운 친구 한 사람도 포함되어 있었습니다. 그 와중에 린은 잠시 혼자 욕실에 있게 되었고, "이봐요, 이리 좀 와보세요!" 하고 린이 큰 소리로 부를 때에야, 린이 욕실에 있다는 것을 깜빡 잊었다는 것을 알았습니다.

린은 즉각 아버지에게 알리기를 원했고, 그래서 내가 아침 7시경 남편 잭에게 전화를 걸었습니다. 남편은 후에 내게 이렇게 말했습니다: "난 당신이 그렇게 떨리는 목소리로 말하는 것을 들어 본 적이 없소."

그 다음 우리는 어떻게 어떻게 해서 간신히 린을 아래층으로 데리고 내려가 차에 태웠습니다. 한 친구가 그날 에릭을 돌보았습니다. 아기는 내가 안고, 우리는 구아나후아토 시내로 의사를 따라갔습니다.

　병원에 도착했을 때, 나는 정신이 번쩍 들었습니다. 정말 충격적이었습니다. 믿지 않으시겠지만, 그런 병원은 처음 보았습니다. 페인트가 벗겨져 복도로 쏟아져 내려 있었고, 벽은 누런 속살을 드러내었습니다. 휠체어도, 응급실도, 도와줄 간호원도 없었습니다. 린은 안으로 걸어 들어갔고, 우리는 짐가방, 숄더백에다가 갓난아기까지 안고 우리 자신도 주체를 못하면서 린을 부축해 주려고 애썼습니다.

　린은 외과의 한 테이블에서 계속 진료를 받았습니다. 린은 전신마취를 해야 했는데, 꿰매야 할 곳이 많았기 때문입니다.

　팀과 나는 복도로 나가 기다렸습니다. 한 남자가 느린 동작으로 계속 마루를 소독하고 있었습니다.

　이 병원은 팀네 아파트에서 가장 가까운 병원이었습니다. 의료 보험이 적용되고 있는 정부 병원이었지만, 내가 이전에 본 것이 하나도 없는 것 같았습니다. 어둡고 좁은 복도, 초록색 타일 벽, 초록과 흰색이 섞여 있는 리놀륨 – 리놀륨은 닳아서 군데군데 맨 시멘트가 보였습니다. 팀은 화장실을 알아보더니, "가지 마세요" 하고 딱 잘라 말했습니다.

　이 병원에는 먹을 것도, 마실 것도 없었습니다. 그리고 주위에 뭔가를 먹을 만한 곳도 없었습니다. 기숙사 스타일의 회복실에는 여섯 개의 침대가 있었는데, 각 침대 옆에 녹슨 캐비닛이 하나씩 있었고, 그 안에는 아무것도 없었습니다. 회복실은 어둡고 썰렁했으며, 맨 끝에 창문이 하나 있었습니다. 린의 옆 침대에는 피 묻은 시트가 아직도 그대로 있었습니다. 환자들을 위한 선풍기 한 대도 없었습니다. 수술이 끝난 환자들은 손수레로 옮겨졌는데, 그 뒤에 친지들이 환자를 보기 위해 따라붙었습니다. 등에 길게 땋은 머리를 늘어뜨린 작달막한 인디안 여자 하나가 의식이 없는 딸 옆에 서 있었는데, 딸은 높은 데서 떨어져 다쳤다고 했습니다. 그 인디안 여자는 안팎이 빨간 스웨터에 꽃무늬가 있는 드레스를 입고 있었고, 밝은 핑크빛 앞치마를 겉에 걸치고 있었습니다. 그녀는 잠시 린을 들여다본 다음, 딸 옆의 마루 바닥에 앉았습니다.

한 여자가 복도 마루 바닥에 쪼그리고 앉아서, 간호원들에게 팔기 위하여 납작한 구운 옥수수 빵을 자르고 있었습니다.

그리고 청소부가 진한 냄새를 풍기는 소독약으로 계속 바닥을 훔치고 있었습니다.

우리가 기다리고 있는 복도에는 등받이가 곧은 의자가 나란히 다섯 개 있었는데 불편했습니다. 6시간 동안 나는 계속 팔에 아기를 꼭 껴안고 있었습니다. 몸무게를 달고 발바닥 지문을 찍기 위해 잠시 동안 아기를 내려놓았을 뿐이었습니다. 이 6시간이 한없이 길게만 느껴졌습니다. 그 사이에 팀은 출생신고서에 서명을 하고, 공식적으로 딸의 이름을 소냐 마리 웨스트버그라고 지었습니다.

마침내 의사가 와서 린을 회복실에서 퇴원시켰습니다.

오후 세 시, 린은 힘이 없어 휘청거리며 걸어가 차에 탔습니다. 우리는 다시 한 번 구아나후아토의 자갈길을 흔들리며 달렸습니다. 팀은 조심스럽게 린을 도와 3층까지 올라갔고, 그 사이에 나는 소냐를 안고 올라갔습니다. 소냐는 난 지 이제 겨우 8시간 되었습니다.

새벽 5:30에 일어나 16시간 만에 나는 피곤한 몸을 이끌고 침대 시트 밑으로 기어 들어갔습니다. 너무도 기분이 좋았습니다. 갓 태어난 소냐는 아기 침대에서 잘 자고 있었고, 에릭은 자기 침대에서 큰 대자로 엎드러져 자고 있었습니다. 에릭의 금발머리가 베개 위에 축 늘어져 있었습니다. 린과 팀은 자기들 방에서 조용히 이야기하고 있었습니다. 내가 보기에 그들은 20세기의 영웅들이었습니다.

나는 어둠 속에서 미소를 지었습니다. 내 마음속에서는 웅장한 합창이 울려 퍼지고 있었습니다. "여호와께서 우리를 위하여 대사를 행하셨으니, 우리는 기쁘도다"(시편 126:3). 합창은 계속 이어졌습니다: "주 여호와여, 주는 나의 소망이시요, 나의 어릴 때부터 의지시라. 내가 모태에서부터 주의 붙드신 바 되었으며, 내 어미 배에서 주의 취하여 내신 바 되었사오니, 나는 항상 주를 찬송하리이다"(시편 71:5-6).

나의 가슴은

    기쁨…
    찬양…
    감사로 충만했습니다.

* * *

우리는 사람들을 기뻐하라는 명령을 받았으며, 종종 사람들은 정말로 우리에게 큰 기쁨을 가져다 줍니다. 우리는 하나님께서 그들 안에서, 그들을 통하여, 그리고 그들에게 행하신 일에 대하여 하나님을 찬양합니다. 그리고 우리가 하나님을 찬양하는 것은 당연합니다.

사도 바울은 빌립보의 성도들을 생각하며 하나님께 감사하고, 빌립보 성도들의 믿음과 사랑과 연합을 인하여 기뻐하였습니다(빌립보서 1:3,25, 2:2). 그는 형제들이 담대히 복음을 전파하는 것을 보며 기뻐하였습니다(1:12-18). 그는 한 사람이 그리스도 안의 형제 자매들에게 기쁨으로 영접을 받을 때 기뻤습니다(2:29). 그는 빌립보의 성도들을 "나의 기쁨이요 면류관"이라고 표현했습니다(4:1). (그리고 또 바울도 손녀를 새로 보았더라면 틀림없이 기뻐했을 것입니다.)

그러나, 우리가 사랑하는 사람들의 삶 속에서 하나님께서 역사하시는 것을 보는 것만이 우리가 찬양으로 충만해질 수 있는 길입니까? 물론 아닙니다.

찬양이란 "우리의 마음을 하나님으로 가득 채우는 것"입니다. 그리고 찬양은 감정을 넘어서 마음의 표현으로까지 갑니다. 내게 있어서, 찬양이란 하나님께 대한, 기쁨에 넘치는 내적인 경배의 외적 표현입니다.

바울은 빌립보서에서 세 번 우리는 주 안에서 기뻐해야 한다고 말했습니다(3:1, 4:4, 4:10). 그러나 우리는 주님 안에서, 또는 기타 다른 것들 안에서 기뻐하기보다는 요나처럼 행동하는 경우가 많습니다. 요나는 하나님께 찬양을 해야 할 때에, 화가 나 있었습니다(요나 4장). 우리는 싱긋 웃어야 할 때에 불평하며, 감탄해야 할 때에 투덜대며, 기뻐해야 할 때에 우는 소리를 합니다.

나에게는 아주 연로한 친척 아주머니가 계시는데, 그분으로

부터 노트를 한 권 받은 적이 있습니다. 나는 그 노트를 읽고 너무도 놀랐습니다. 아주머니는, 아저씨는 돌아가시고, 정신질환이 있는 아들이 하나 있었습니다. 그럼에도 불구하고 아주머니는 다음과 같은 감동을 주는 시를 지었습니다. 정말 내 가슴을 뭉클하게 했습니다.

> 저는 오늘 기도할 수 없습니다, 주님.
> 무엇을 말해야 할지 생각이 나지 않습니다.
> 주님, 비록 무릎을 꿇고 있지만,
> 주님께서 저 멀리 계시는 것 같습니다.
>
> 주님, 이 세상에서 일어나는 변화들은
> 제가 감당하기에는 너무도 벅찹니다.
> 고독, 병, 슬픔, 그리고 고통.
> 때로는 제가 무너져 버릴 것만 같습니다.
>
> 그때 한 작은 음성이 속삭입니다.
> "네 자신을 잊고 미소를 지어라.
> 지금까지 인생 길을 걸어 올 때,
> 너에게 임했던 모든 축복에 대하여 감사하라."
>
> 한 줄기 빛이 비치기 시작하고 있습니다.
> 저는 주님께서 항상 가까이 계신다는 것을 압니다.
> 매일을 살아갈 힘을 주님께서는 약속하셨습니다.
> 주님의 음성은 아주 가까이 있습니다.

언제나 주님께서는 우리의 피난처시오니,
우리는 홀로 걸을 필요가 없나이다.
인생의 경주가 끝날 때까지
제가 이 사실을 늘 기억하게 도우소서.

환경은 아주머니에게 실망을 안겨 주었으나, 아주머니는 의식적으로 이 시에서 하나님을 찬양하고 있었습니다. 아주머니의 고통은 찬양으로 승화되었습니다. 하나님께서 그의 피난처였기 때문입니다.

우리는 성경 말씀을 통하여 하나님을 찬양해야 할 이유들을 많이 발견합니다. 우리의 삶 속에서 아무것도 제대로 되는 것이 없다 해도, 잠시 멈추어 우리를 지으신 하나님의 오묘하심에 대하여 늘 감사와 찬양을 드릴 수 있습니다. "내가 주께 감사하옴은 나를 지으심이 신묘막측하심이라. 주의 행사가 기이함을 내 영혼이 잘 아나이다"(시편 139:14).

언젠가 부모의 형질이 어떻게 자녀에게 전달되는가에 대하여 읽고 참으로 놀란 적이 있습니다. 인간의 몸은 수없이 많은 세포로 이루어져 있고, 각각의 세포는 수없이 많은 유전자를 가지고 있다고 합니다. 또 DNA 하나에 들어 있는 정보의 양은 1,600페이지 책과 맞먹는다고 합니다. 인간의 몸을 자세히 살펴보면 너무도 신비하다는 것을 알 수 있습니다.

하나님께서는 우리의 찬양을 받으시기에 합당합니다. "여호와는 광대하시니, 우리 하나님의 성, 거룩한 산에서 극진히 찬송하리로다"(시편 48:1). 위대하신 하나님을 찬양합시다!

우리는 하나님의 능력, 하나님의 사랑, 의로운 법, 기적, 구원, 도우심…에 대하여 영원히 하나님을 찬양해야 합니다. 우리의 마음과 입술에서 늘 자연스럽게 찬양이 흘러 나와 수많은 책을 가득 채우고도 남아야 합니다.

*   *   *

우리는 하나님을 온전히 찬양해야 한다는 것은 잘 알고 있습니다. 그러나, 문제는 어떻게 찬양하는가 하는 것입니다. 성경은 또다시 우리에게 그 답을 주고 있습니다.

어느 날 아침 잠자리에서 일어난 당신의 마음은 참으로 우울했습니다. 어떻게 하겠습니까? 남에게 얻어맞아 시퍼렇게 멍이 든 기분을 그대로 가지고 있겠습니까? 아니면 하나님께서 주신 새로운 하루에 대하여 하나님을 찬양하겠습니까? 둘 중에 어느 것을 선택할 것인가는 당신에게 달려 있습니다.

나는 공적인 자리에서는 독창을 안 합니다. 그러나 집에서는 혼자서 노래를 많이 부릅니다. 약간씩 음이 틀리기도 하지만 열정적으로 부릅니다. 나는 의도적으로 찬송가를 부릅니다. 왜냐하면 하나님께서 그렇게 하라고 말씀하셨기 때문입니다. "할렐루야, 우리 하나님께 찬양함이 선함이여, 찬송함이 아름답고 마땅하도다"(시편 147:1). "여호와께 새 노래로 노래하며 땅 끝에서부터 찬송하라"(이사야 42:10). 내가 주님의 말씀에 순종하여 찬송을 부를 때 나의 우울한 기분은 바뀝니다.

나는 우울한 기분과 찬양 중에서 찬양을 선택했고, 그렇게 했을 때, 찬양하기로 한 나의 의지적 결정과 찬양의 행동은 나의 우울한 감정을 찬양의 감정으로 변화시키는 것을 경험합니다. 의지적 선택, 행동, 감정의 변화 - 거의 언제나 이런 과정을 밟습니다. 나는 여기서 거의라고 말했습니다. 어떤 때는 감정의 변화가 따르지 않는 경우도 있기 때문입니다. 감정의 변화가 따르지 않더라도 우리는 계속 하나님을 찬양해야 합니다.

우리는 찬양을 하고 싶은 감정이 일어나든 일어나지 않든 찬양을 해야 합니다. 나는 시편 42:11을 좋아합니다: "내 영혼아, 네가 어찌하여 낙망하며 어찌하여 내 속에서 불안하여 하는고? 너는 하나님을 바라라. 나는 내 얼굴을 도우시는 내 하나님을 오히려 찬송하리로다." 내 얼굴을 도우시는 내 하나님!

나는 감정이 슬픔으로 가득 차 있을 때에도 찬양할 수 있습니다. 나는 찬양하고 싶지 않을 때에도 찬양에 관한 말씀이나 하나님을 찬양하는 말씀 - 이를테면 시편 - 을 인용하여 하나님을 찬양할 수 있습니다. 나는 현재가 어두울 때도 밝은 미래를 바라보며 찬양할 수 있습니다.

나는 할 수 있습니다. 내가 원한다면.

찬양으로 충만해지는 또 하나의 방법은 **의도적으로 찬양을 행동으로 표현하는** 것입니다. 헌금이나 다른 사람을 물질적으로 도와주는 것도 하나님께 대한 찬양의 행위입니다(히브리서 13:15-16, 고린도후서 9:13). 또 우리는 찬양을 춤으로 표현할 수도 있습니다. 춤은 구약 시대에 찬양을 행동으로 나타내는 일반적인 형태였습니다(시편 149:3). 다윗은 덩실덩실 춤을 추며 하나님을 찬양하였습니다(사무엘하 6:14,16). 당신은 그렇게 해본 적이 있습니까?

찬양의 마음을 갖는 또 하나의 방법은 **하나님의 선하심을 세어 보는** 것입니다. 우리에게 베푸신 하나님의 사랑과 은혜들을 하나하나 생각해 보며, 또 서로 이것을 나누십시오. 내가 인도하는 한 성경공부 모임에서, 우리는 하나님의 선하심을 서로 이야기했습니다. 한 사람이 이런 이야기를 했습니다. 9년 전의 일이었습니다. 고양이가 한 번에 새끼를 열 마리나 낳았는데, 겨우 한 마리만 살아 남았다고 합니다. 그런데 그 한 마리도 죽게 되었습니다. 수의사가 밤을 넘기지 못할 것이니 묻어 주라고 했다고 합니다. 그녀는 그때 주님을 믿은 지 얼마 되지 않았을 때였는데, 하나님께서는 애완동물에게도 관심을 가지고 계실 것이라고 생각하고, 그 고양이를 버리지 않고 집으로 데리고 가 병이 낫도록 기도했습니다. 그 후 그 고양이는 회복되어, 지금도 가족들의 귀여움을 받고 있다고 했습니다.

또 한 부인은 이런 이야기를 했습니다. 남편이 뇌암으로 거의 죽기 직전이었습니다. 보스턴에 있는 전문 병원에서 수술을 받고 싶었지만, 충분한 돈이 있는 것도 아니고, 보스턴에 일자리가 있는 것도 아니었습니다. 그녀는 낙심된 채 친구의 사무실에 들렀습니다. 그 친구는 그리스도인이 아니었습니다. 그녀는 친구에게 일자리가 없는지 알아보았습니다.

친구는 "응, 있어. 그런데 그 일을 하려면 이번 토요일에 떠나야 해" 하고 말했습니다.

"난 이번 토요일에는 떠날 수가 없어. 남편이 아파 수술을 해야 해" 하고 그녀가 대답했습니다.

그러자 친구는 이번주 토요일에 꼭 떠나야만 한다고 말하면서, 이렇게 덧붙였습니다: "네가 거기에 가기만 하면 즉각 일자리가 있는데. 보스턴에 말이야."

이렇게 해서 남편이 보스턴에 입원해 있는 동안, 그녀는 남편과 함께 있을 수 있게 되었고, 모든 비용도 지불할 수 있었습니다.

정말 기쁨과 찬양으로 충만해질 수 있습니까? 정말입니다. 나는 바울과 같은 마음입니다. "우리가 우리 하나님 앞에서 너희를 인하여 모든 기쁨으로 기뻐하니 너희를 위하여 능히 어떠한 감사함으로 하나님께 보답할꼬"(데살로니가전서 3:9). 하나님의 선하심을 하나 하나씩 세어 볼 때 찬양이 우리 마음을 가득 채울 것입니다.

이스라엘 백성들은 **시편을 소리 내어 읽음으로써** 하나님을 찬양하곤 했습니다. 당신이 낙심되었을 때 해볼 수 있는 좋은 방법입니다(역대하 29:30).

또 하나님께서 당신을 위하여 해주신 일을 의도적으로 다른 사람들에게 이야기하는 것은 아주 실제적인 찬양의 한 형태입니다(시편 22:22, 52:9, 9:1-2).

마지막으로, **찬양은 하나님께 드리는 제사**라는 것을 알아야 합니다. "이러므로 우리가 예수로 말미암아 항상 찬미의 제사를 하나님께 드리자. 이는 그 이름을 증거하는 입술의 열매니라"(히브리서 13:15).

어느 날 이 구절을 깊이 묵상한 적이 있는데, 바로 그 다음 날 나를 아주 기분 나쁘게 만드는 어떤 일이 일어났습니다. 나는 남들이 이것을 알아주기를 원했습니다. 내 마음속에는 불평이 일었습니다. 그때 이 구절이 마음에 번쩍 떠올랐습니다. 나는 불평과 찬양 사이에서 선택해야 했습니다. 나는 하나님께 불평의 제사를 드릴 수는 없었습니다. 그래서 나는 나의 우울한 기분을 버리고 하나님께 찬양의 제사를 드렸습니다.

우리는 언제나 찬양으로 충만할 수 있습니다. 다윗은 이렇게 말했습니다: "주를 찬송함과 주를 존숭함이 종일토록 내 입에 가득하리이다"(시편 71:8). 여기에서 다윗은 그리스도에 대하여 예언적으로 말하고 있습니다. 그리스도는 지금 우리 안에 살아 계십니다. 그리스도께서 우리 속에 충만할 때, 우리는 찬양으로 충만할 것입니다.

친구들이여, 우리는 충만할 뿐 아니라, 넘쳐흘러야 합니다. 시편 119:171-172은 이렇게 선포합니다: "주께서 율례를 내게 가르치시므로 내 입술이 찬송을 발할지니이다. 주의 모든 계명이 의로우므로 내 혀가 주의 말씀을 노래할지니이다."

찬양으로 차고 넘치기 바랍니다. 하나님께서 우리 모두에게 하나님을 영원토록 찬양할 능력을 주시기를 기도합니다.

설사 당신이 손녀가 태어나는 것을 보지 못하게 될지라도!

적용을 위한 성경공부

1. 당신이 지금 하나님을 찬양할 수 있는 것을 10가지 적으십시오.

_____
_____
_____
_____
_____
_____

2. 당신이 찬양을 표현할 수 있는 방법으로는 어떤 것들이 있습니까? 예를 들면, 정원을 거닐면서 찬송가를 여러 곡 부른다든지, 또는 지금 찬양할 기분이 나지 않지만 하나님을 찬양하는 노래를 부르겠다든지 등등. 그중 한 가지를 사용하여 지금 하나님을 찬양하십시오.

_____
_____
_____
_____
_____

3. 시편 40:2-3과 예레미야 17:14에 의하면, 그리스도인의 삶에서 찬양의 결과는 무엇입니까?

_____
_____
_____
_____

4. 역대상 29:10-13에 있는 찬양의 기도를 소리 내어 읽으십시오. 이 구절에 나타나 있는 하나님의 속성들에 대하여 묵상하십시오. 그리고 날마다 당신에게 진정으로 하나님을 찬양

하는 법을 가르쳐 주시도록 하나님께 기도하십시오.

5. 히브리서 13:15을 자신의 말로 쓰십시오. 그리고 이 구절을 암송하십시오.

_____
_____
_____

6. 다음 구절들을 찾아, 우리가 하나님을 찬양해야 할 것들은 무엇이며, 또 왜 이것들에 대하여 하나님을 찬양해야 하는지 생각해 보십시오.

가. 시편 7:17 _____
_____
_____

나. 시편 21:13 _____
_____
_____

다. 시편 63:3 _____
_____
_____

라. 시편 71:6 _____
_____
_____

마. 시편 119:164 _____
_____
_____

바. 시편 139:14 _____
_____
_____

사. 에베소서 1:5-6 _____
_____
_____

7
웃음으로 충만함

오늘날 우리가 쓰는 말 속에는 부정적인 어휘들이 너무나도 많이 들어와 있습니다. 불안과 초조, 중년 위기, 신경쇠약 등과 같은 단어들이 우리의 대화를 뒤덮고 있습니다. 우리의 유머도 가만히 들어 보면 대부분이 부정적인 말들에 기초하고 있는 실정입니다. 소위 "냉소주의"에 기초하고 있는 것입니다. 텔레비전의 코미디물들도 그런 냉소주의가 지배하고 있습니다. 대개가 남을 깎아 내림으로써 시청자들을 웃기고 있습니다. 텔레비전의 영향을 지대하게 받고 있는 우리는 자신도 모르게 무의식적으로 그것을 열심히 흉내내게 되고, 우리의 삶을 잘못된 것들로 가득 채웁니다.

나는 그런 유머가 모두 잘못되었다고 말하고 있는 것이 아닙니다. 내가 말하고자 하는 것은, 다른 사람을 희생시킴으로써 웃기는 것이 아니라, 그 사람과 함께 웃음으로써 모든 사람에게 웃음을 선사하는 그런 유머를 발전시켰으면 한다는 것입니다.

어쨌든, 삶에서 부닥치는 큰 압력들과 싸울 때 웃을 줄 아는 능력을 점점 상실하고 있습니다. 늘 긴장 가운데 바빠 살고 있는 현대인으로서 우리는 큰 소리로 사심 없고 순수한 웃음을 웃을 줄 아는 법을 배워 나가야 합니다.

학교가 끝나 혼자서 집으로 가고 있는 아이를 지켜본 적이 있습니까? 만일 그런 경험이 있다면, 우리 하나님께서 사랑과 웃음의 주님이라는 사실을 결코 의심하지 않을 것입니다.

한번은 초등학교 1학년쯤 되어 보이는 꼬마 아이가 학교가 끝나 집으로 걸어가고 있는 것을 유심히 지켜본 적이 있습니다. 꼬마는 처벅거리며 아주 천천히 걸었습니다. 그러다가 꼬마는 인도의, 사람들이 밟지 않은 눈 위를 오른발로 반원을 그리며 갔습니다. 하얀 눈 위에 꼬마의 흔적이 아름답게 남았습니다. 꼬마는 길모퉁이 횡단 보도에서 신호등을 기다렸습니다. 꼬마는 장갑을 낀 한 손가락으로 신호등 기둥에 쌓인 눈을 조심스럽게 조금씩 조금씩 털어 내고 있었습니다. 털실로 짠 윗도리에 얼음 덩어리가 군데군데 있는 것으로 보아 이미 빈터에서 눈사람을 만들고, 친구들과 한바탕 눈싸움을 한 것이 분명했습니다. 꼬마는 한 발을 들어, 아무도 밟지 않은 눈 위에 아주 조심스럽게 발자국을 꼭 찍었습니다. 그리고 나서 다른 발로 그 발자국과 직각으로 다시 발자국을 내었습니다. 그 이유는 그 꼬마만 알 것입니다.

나는 신호등이 바뀌기를 기다리면서 그 꼬마를 유심히 관찰했습니다. 나는 꼬마의 행동을 보면서 미소를 지었습니다. 잠시 후 그 미소는 킥킥거리는 웃음으로 바뀌더니, 마침내는 호호호 하고 활짝 터트리는 웃음이 되었습니다. 하나님, 저 소년을 축복하소서! 나는 속으로 "계속해라!" 하고 꼬마에게 격려를 보냈습니다.

　만일 내가 우울한 날이었으면 그 꼬마의 귀여운 행동을 지나쳤을 것입니다. 화가 난 날이었으면 그 꼬마의 행동이 거슬려 얼굴을 찡그렸을지도 모릅니다. 참으로 내 자신에게 얼마나 비극입니까? 하나님께서 내게 주시는 재미있는 순간들을 포착하지도 못하고 찡그린 얼굴로 있다니! 삶에서 일어나는 작은 사건들 속에 우리에게 웃음을 선사하는 것들이 많이 있습니다. 문제는 우리가 얼마나 삶 속에서 그것을 찾는가에 달려 있습니다. 웃는 마음으로 주위에서 일어나는 일들을 바라볼 때 마음은 웃음으로 가득 차게 될 것입니다.

　한때 딸과 사위는 저녁 시간에 집을 비워야 할 경우가 많았습니다. 그래서 남편과 내가 아이들을 보아 준 적이 많았습니다. 아이들과 함께 있는 것은 참으로 즐거웠습니다. 어느 여름 날 저녁이었습니다. 2살 된 소냐는 벌써 잠자리에 들어 자고 있었습니다. 4살 난 에릭은 가능한 한 잠자리에 드는 시간을 연기시키려고 온갖 전술을 다 사용하고 있었습니다. 잠시 후면 에릭은 목욕을 해야 했습니다. 에릭은 목욕하는 것을 즐겼지만, 그 목욕이 침대로 가기 위한 전 단계라는 것을 잘 알고 있었기 때문에, 목욕을 안 하려고 이리저리 피했습니다.

　우리는 사랑스런 여름 저녁을 즐기며 뒤 현관에 앉아 이런 저런 이야기를 했습니다. 그때 내가, "자, 에릭, 우리 셋이서 욕실에 가서, 그 다음 네가 욕조 안으로 들어가면 어떨까?"

　갑자기 귀여운 에릭의 얼굴에 웃음꽃이 활짝 피었습니다. 에릭은 내게 다가와 다정하게 내 팔을 치면서, 밝게 미소를 지으며, "함머니, 덩말 도은 생각이어요" 하고 말하는 것이었습니다.

남편과 나는 웃음을 터뜨렸습니다. 그러자 에릭은 우리가 왜 웃고 있는지 영문도 모른 채 자기도 함께 덩달아 웃었습니다. 셋이서 함께 웃고 즐기고 있다는 것으로 에릭은 충분했습니다.

나의 어머니는 내가 세 살 때 일어났던 일을 말씀하시면서 혼자서 웃으시곤 했습니다. 나는 어두운 방에서 혼자 자는 것이 무서웠습니다. 어머니는 내가 잠잘 시간이 되면 나를 내 방 침대에 뉘고는 나가셨습니다. 나는 잠자리에 드는 시간을 늦추려고 온갖 방법을 다 썼으며, 또 어머니가 내 방에 함께 계시도록 모든 방법을 다 동원했습니다. 이윽고 어머니가 나에게, "넌 이 방에 혼자 있는 게 아니야. 캐롤, 예수님께서 너와 함께 계신단다" 하고 내 방을 나가실 참이었습니다.

잠시 말이 없다가 내가 대답했습니다: "엄마, 엄만 예수님을 사랑하세요?"

"그럼, 물론이지."

"그럼, 엄만 왜 예수님께서 계시는 이 방에 함께 있지 않으세요?"

욥의 친구들은 욥에게, "욥, 네가 네 죄를 회개하면, 네 시련은 끝날 것이며, 하나님께서 웃음으로 네 입에, 즐거운 소리로 네 입술에 채우실 것이다"(욥기 8:21 참조)는 말로써 위로했습니다.

웃음으로 충만! 하나님께서는 우리에게 웃음의 선물을 주셨습니다. 하나님께서는 우리가 웃음으로 충만할 때 크게 기뻐하십니다.

우리는 위대한 성도들을 생각할 때면, 근엄하고 유머가 없으며 엄격한 어떤 모습을 연상합니다. 그러나, 찰스 스펄전은 삶과 웃음을 사랑한 하나님의 사람의 대표적인 본보기입니다. 그는 설교 도중 재미있는 일화를 이야기하면서 큰 소리로 웃어 제치곤 했습니다. 그는 사람들에게 활력을 주었습니다. 사람들은 그를 통하여 기독교가 딱딱하고 어두운 것이 아니라, 삶을 밝게 하고 웃음을 주는 것이라는 것을 발견하게 되었습니다.

우리가 관심 가운데 깨어만 있다면, 우리는 도처에서 유머를 발견할 수 있습니다. 우리 주위에는 우리에게 웃음을 선사하는 소재들이 널려 있는 것입니다. 최근 이런 글을 읽은 적이 있습니다. "켄터키의 어느 교회에 나갔는데, 한 꼬마가 예배 중 시끄럽게 떠들자 꼬마의 아버지가 주의를 주었습니다. 꼬마가 그래도 계속 떠들자 아버지는 화를 내며 그를 강제로 끌고 나갔습니다. 꼬마는 끌려 나가면서 '여러분, 저를 위해서 기도해 주세요!' 하고 외쳤습니다. 그러자 그때까지 조용히 앉아만 있던 교인들이 눈을 휘둥그래 뜨고 모두들 쳐다보았습니다."

아이들은 우리에게 웃음을 제공하는 중요한 원천이라고 생각됩니다. 아이들이 자신을 표현하는 방법을 보면 우리의 상상을 초월할 정도입니다.

어느 날 남편과 함께 백화점에 갔습니다. 남편이 돈을 지불하기 위해 줄서서 지루하게 기다리고 있는 동안, 나는 4살쯤 되어 보이는 사내아이 옆에 앉아 함께 이야기했습니다. 꼬마는 상당히 어른스러웠습니다. 꼬마가 음료수를 마시길래, 그 물이 어디로 갔느냐고 물었습니다.

꼬마는 자기 입을 가리키며, "여기로요" 하고 대답했습니다.
"네 입 속에?"
"아녜요." 꼬마는 빙그레 웃으며 말했습니다.

"그럼 네 목구멍에?"
"아, 아녜요."
"그럼 식도?"
"아녜요!" 꼬마는 깔깔 웃었습니다. "식도는요, 거미같이 생긴 동물이에요."
"그래? 어떻게 생겼는데?"
꼬마의 눈은 기쁨으로 확 벌어졌습니다. "그건요 머리가 없어요. 털로 덮인 다리들뿐이에요. 꼬리도 없어요. 그리고 날아다녀요. 그런데 날개는 없어요."

정말로 기상천외한 상상이었습니다. 불편한 의자에 앉아 기다려야만 한다는 생각에 기분이 별로 즐겁지 않았는데, 꼬마의 말을 듣고 우울한 기분이 싹 사라졌습니다. 나는 그날 저녁 내내 우스워 죽을 뻔했습니다. 그 꼬마가 밝게 빛나는 눈빛으로 진지하게, "아녜요! 식도는요, 거미같이 생긴 동물이에요" 하던 모습이 지금도 눈에 선합니다.

그러면, 우리는 어떻게 웃음으로 충만해질 수 있습니까? 우리 안에 있는 유머 감각을 발전시키기 위해 우리가 할 수 있는 것들로는 무엇이 있습니까? 과연 우리는 발전시킬 수 있는 것입니까?

그렇습니다. 나는 할 수 있다고 믿습니다.

무엇보다도 먼저, 우리가 웃음거리를 찾으면 얼마든지 찾을 수 있다는 것입니다. 여기에서 적극적으로 웃음거리를 찾는 적극적인 자세가 필요합니다. 한 남자가 병에 걸렸습니다. 의사는 그 병은 고칠 수 없는 병이라고 진단을 내렸습니다. 그는 매우 불안하고 초조했습니다. 어느 날부터 그는 자기의 병의 본질을 자세히 연구했습니다. 그러다가, 어쩌면 자기 병이 자신의 신경질적인 기질에 기인한 스트레스 때문인지도 모른다는 생각을 하게 되었습니다. 그는 웃음이 스트레스를 감소시키고 병을 치료하는 효과가 있을 것이라고 결론을 내렸습니다. 그는 적어도 매일 2시간은 웃기로 목표를 세웠습니다. 그는 낡은 코미디 테이프를 빌려 그 시간만 되면 틀었습니다. 또 유머러스한 책들을 읽었습니다. 점차 그는 웃게 되었습니다. 그리고 마침내 회복되었습니다.

　이 이야기를 읽으며 당신은 비웃을지도 모르겠습니다. 그러나, 잠언 말씀을 기억하십시오: "마음의 즐거움은 양약이라도, 심령의 근심은 뼈로 마르게 하느니라"(17:22).

　몇 년 전 호주를 여행한 적이 있는데, 호주인들의 유머 감각을 관찰하는 것은 내게는 아주 큰 즐거움이었습니다. 호주인들은 재미있는 표현들을 많이 했는데, 내가 어리둥절한 표정을 지으며, "그게 무슨 뜻이죠?" 하고 물으면, 싱긋 웃으며 신이 나서 그 뜻을 설명해 주었습니다. 그리고 나서는 계속해서 재미있는 표현을 몇 가지 더 이야기해 주었습니다. 그들의 말 표현이 너무도 재미있어서 나는 내내 웃었습니다.

　미국 안에서도 지방마다 말이 다른데, 한번은 한 텍사스인이 자기 딸을 어디 어디로 "나를" 예정이라고 해서, 우리는 생각하기를 "쯧쯧, 안됐다. 딸아이가 불구인 모양이구나" 했는데, 사실은 알고 보니 그게 아니었습니다. 우리는 한참 만에야 "나른다"는 말이 단지 "데리고 간다"는 뜻일 뿐이라는 것을 알았습니다.

　우리는 자기 자신을 너무 심각하게 다루는 경향이 있습니다.

다음 말을 늘 상기할 필요가 있습니다. "자기 자신에 대하여 웃을 줄 아는 사람은 복이 있나니, 그에게는 웃음이 그치지 않을 것이다."

　1월이었습니다. 아마도 일년 중 일기가 가장 나쁜 날이었을 것입니다. 나는 여행을 마치고 콜로라도의 집으로 비행기를 타고 가는 중이었습니다. 밖에는 눈보라가 세차게 몰아치고 있었습니다. 밤 11시. 비행기가 잠시 덴버 공항에 내렸습니다. 승객들은 비행기의 기계 고장이 고쳐지기를 기다리면서 비행기 안에 그대로 앉아 있었습니다. 여행을 하다 보면 이착륙이 지연되는 사태가 종종 있습니다.

　"승객 여러분, 대단히 죄송합니다." 여승무원이 너무도 상냥한 목소리로 말한 까닭에, 전혀 유감의 뜻을 표하는 것처럼 들리지 않았습니다. "콜로라도스프링스 공항이 안개로 인해 폐쇄되었다는 소식이 방금 들어왔습니다. 모두 비행기에서 내리셔서 항공사로 가시면, 여러분을 도와 드릴 것입니다."

　콜로라도스프링스로 갈 수 없었습니다. 대혼란이 일었습니다. 여행 가방을 비행기 안에 그대로 둔 채 대합실로 나왔습니다. 호텔에서 우리를 데리러 올 차를 기다리는 동안 눈보라가 계속 강하게 몰아쳤습니다.

　밤 12시 반, 비행기 안에서 받은 간단한 여행용품 주머니에서 꺼낸, 몹시도 딱딱한 칫솔로 이빨을 닦으며, 나는 냉기가 도는 호텔 방에서 와들와들 떨며 서 있었습니다.

　문득 한 장면이 마음에 떠올랐습니다. 내가 비행기 안에 있었는데, 기내 방송에서 이런 목소리가 흘러 나왔습니다: "승객 여러분, 잠시 주의를 기울여 주시기 바랍니다. 여러분은 지금

실험용 비행기에 타고 있습니다. 이 비행기의 모든 것은 자동이며, 컴퓨터와 계기에 의해 작동됩니다. 조종사도, 승무원도 없습니다. 그러나 걱정할 이유가 전혀 없습니다. 모든 것은 철저히 점검되었습니다. 아무것도 잘못될 수 없습니다. 잘못될 수… 잘못될… 잘못될…"

나는 작은 목소리로 중얼거렸습니다. "맞아, 아무것도 더 이상 잘못될 수 없어… 잘못될… 잘못될…" 나는 여행을 이런 식으로 끝마치고 싶지는 않았습니다. 이렇게 우울하게 있을 수는 없었습니다.

짐 가방이 비행기 안에 있었으므로, 실내복도, 슬리퍼도, 화장품도, 갈아입을 옷도 없었습니다. 항공사에서 준 긴급 비상 용품을 보았더니, 립크린이 하나 들어 있었습니다. 콜로라도는 대단히 건조하기 때문에 이것이 많이 필요했습니다. 얼굴이 밝아졌습니다. "야, 립크린까지 들어 있네." 나는 립크린을 꺼내 입술에 아낌없이 듬뿍 발랐습니다.

"어, 이상하게 계속 나오네" 하는 생각을 하며 안경을 집어 다시 쓰면서 나는 웃기 시작했습니다. "철저히 발랐으니, 이제 입술이 트지 않겠지."

어떻게 하면 자신에 대하여 웃을 수 있습니까?

우리는, 특히 부모가 된 사람들은, 이에 대하여 지혜를 달라고 기도할 필요가 있습니다. 나는 어렸을 적에 피아노 독주회에서 연주해야만 할 때면 늘 너무 신경과민이 되어 아프기까지 했던 기억이 납니다. 한번은 어머니가 이런 말씀을 해주셔서 내 마음을 편하게 해주었습니다. "그런데 말이야, 캐롤. 무대로 걸어 올라갈 때 발을 헛디뎌 벌렁 넘어지지 그러니? 그러면 모든 사람의 마음을 편안하게 해줄 텐데." 나는 이 말씀을 듣고 마음이 가벼워졌습니다. 어머니는 부모와 아이들 모두가 염려하고 초조해하고 있다는 것을 알고 계셨던 것입니다.

물론 나는 발을 헛디딘 적이 없었지만, 실수를 해도 어머니의 마음을 아프게 하지는 않는다는 사실을 앎으로써, 연주할 때 하는 실수들을 편안한 마음으로 받아들일 수 있었습니다. 내가 내 실수에 대하여 웃지는 못할망정 내 자신을 덜 심각하게 대하도록 어머니는 도와주셨습니다.

친구네 꼬마 애가 어떻게 해서 새로 입은 옷에 우유를 엎질렀습니다. 아이는 눈이 휘둥그래져 가지고 울상이 되어 엄마를 쳐다보았습니다. 입술은 말은 못하고 떨리고 있었고, 눈물을 글썽이고 있었습니다. 근심에 찬 아이의 표정을 보면서, 비록 우유를 엎질러 새 옷을 버리긴 했어도, 그 엄마는 킥킥 웃기 시작했습니다. 혼이 날 줄 알았던 아이는 갑자기 어리둥절해졌습니다. 엄마와 아들은 함께 웃으며 즐거워했습니다. (이런 경우 화를 낼 수도 있을 것입니다. 그러나 이 경우에는 함께 웃고 넘어간 것이 천만 옳았습니다.)

다른 성격의 부모를 가진 사람들도 있을 것입니다.

젊은애들 몇 명이 차 안에서 기분이 좋은지 크게 떠들어 대고 있었습니다. 그러더니 한 여자 애가 무언가를 동경하는 듯한 표정으로, "너희도 알다시피, 우리 식구들이 함께 웃은 것을 난 단 한 번도 기억할 수 없어" 하고 말했습니다. 나는 그 아이에게 동정이 갔습니다. 그 여자 애는 가정에서 배우지 못한 것을 메우기 위해서 삶을 통해서 혼자서 배워야 했습니다.

유머는 얼마든지 개발할 수 있는 것입니다. 주위에서 유머가 넘치는 사람들을 찾아 배우십시오. 그들을 유심히 관찰하며, 어떻게 하면 유머를 개발할 수 있는지 물어 보십시오.

빌립보서 4:8 말씀을 암송하십시오 - "종말로 형제들아, 무엇에든지 참되며, 무엇에든지 경건하며, 무엇에든지 옳으며, 무엇에든지 정결하며, 무엇에든지 사랑할 만하며, 무엇에든지 칭찬할 만하며, 무슨 덕이 있든지 무슨 기림이 있든지 이것들을 생각하라." 당신의 사고 방식을 변화시켜 주시도록 기도하십시오. 부정적인 것을 생각하는 것을 멈추십시오.

다른 사람 또는 자기 자신에 대하여 흠잡으려 하지 마십시오. "나는 왜 이렇게 멍청하지"와 같이 자신에 대하여 부정적인 생각을 갖지 않도록 훈련하십시오.

유머러스한 책, 이야기, 또는 글을 읽으십시오. 의도적으로 소리 내어 웃어 보십시오. 처음에는 괜히 이상할 수도 있으나, 인내를 가지고 웃는 훈련을 하십시오. 하나님께서 당신을 온전히 사랑하시며 기뻐하신다는 사실을 생각하며 자신을 용납하십시오.

체스터톤은 말하기를, "자기도 모르는 사이에 우리는 자신을 무겁고 엄하게 대하는데, 이것은 진실로 자연스런 경향입니다. 그렇게 하는 것은 가장 쉬운 일이기 때문입니다.… 엄숙함은 우리에게서 자연스럽게 흘러 나오는 것이기 때문입니다.… 웃음은 하나의 도약입니다. 무거워지는 것은 쉽고, 가벼워지는 것은 어렵습니다"라고 했습니다.

상대방이 고마워하며 기뻐 웃을 수 있는 그런 것들을 적극적으로 찾아보십시오.

에릭이 세 살 때 우리는 그에게 크리스마스 선물로 세발 자전거를 사 주었습니다. 그 전 주에, 시아버지와 남편 - 두 사람 다 재봉틀 및 기타 물건들을 고치는 데는 명수였습니다 - 은 어떻게 수많은 부속들이 모여 움직이는 세발 자전거가 되는지를 알아내려고 저녁 내내 연구했습니다. 뭐가 잘 안 되는지 나중에 가서는 두 사람 다 얼굴이 벌겋게 상기되어 있었습니다.

그 후 우리는 딸 린으로부터 편지를 하나 받았는데, 편지 안에 만화가 하나 그려져 있었습니다. 거실 한가운데 쭈그리고 앉아 뭔가를 열심히 하고 있는데, 그것이 마음대로 잘 안 되는지 고심하며 상기된 표정을 짓고 있는 어떤 아버지를 그린 그림이었습니다. 옆에는 볼트, 너트, 핸들, 바퀴 등 세발 자전거의 부속품들이 어지러이 널려 있었습니다. 주인공은 "하 - 하 - 하 - 하 - 하!" 하고 마음대로 잘 안 되어 심난한 마음을 웃음으로 풀고 있었습니다. 린은 그 만화 윗부분에다 "지난 크리스마스 이후로, 아버지가 이 만화를 보시면 고마워하며 기뻐 웃으시리라고 생각했습니다!!"라고 썼습니다.

웃음은 하나님께서 우리에게 주신 선물입니다. 그러나 사람들을 보면, 그 유머의 문을 너무도 사용을 안 해서, 아주 녹슬어 있어, 한번 열려면 끽끽끽 소리가 나며 아주 힘이 듭니다. 유머는 사람들에게 매력을 주어, 그들을 그리스도께로 이끄는 데 사용할 수 있는 좋은 도구입니다.

이사벨 쿤 여사는 자신의 책에서, 도로시 부인에 대하여 이야기하고 있는데, 그녀의 얼굴은 늘 밝게 빛났다고 했습니다. 그것은 하나님께서 주신 특별한 은혜의 선물이었습니다. 이사벨 쿤은, 그런 은사를 소유하고 있다는 것을 도로시 부인이 알고 있었는지는 잘 모르겠다고 말했습니다. 도로시 부인의 빛나는 얼굴은 주님과 동행할 때 오는 기쁨과 즐거움으로 말미암은 것이었습니다. 도로시 부인의 기쁨에 찬 밝은 얼굴은 사람들에게 매력을 주었고, 성령께서는 그것을 사용하여 사람들을 그리스도께로 인도하였습니다.

이사벨 쿤은 윌슨의 다음 시를 인용합니다.

> 그리스도는
> 당신이 의식적으로 하는 말 속에만이 아니라,
> 당신이 의식적으로 하는 행동 속에만이 아니라,
> 당신도 모르는 사이에
> 당신의 무의식적인 말과 행동 속에도
> 표현되어 있습니다.
>
> 당신이 의식적으로 짓는 자애로운 미소나
> 당신의 얼굴에 나타난 거룩한 표정에서가 아니라
> 순진하게 웃는 당신의 웃음 속에서
> 나는 그리스도의 임재를 느꼈습니다.
>
> 이 진리는 당신이 내게 의도적으로 가르쳐 준 것이
> 아니었습니다.
> 당신은 이미 이 진리를 잘 알고 있었을지 모르나,
> 나는 여태껏 희미할 뿐이었습니다.
> 당신이 내게 왔을 때
> 나는 당신에게서 그리스도를 느낄 수 있었습니다.
> 당신의 눈 속에서 주님께서는 내게 손짓하셨고,

당신의 가슴속에서 주님의 사랑이 풍겨 나왔습니다.
내가 당신을 바라볼 때
당신은 어디로 가고 안 보이고
그리스도만이 보였습니다.

하나님께서 우리 모두에게 웃음을 가르쳐 주시기를 바랍니다. 자기 자신에 대하여 웃을 줄 아는 사람이 되십시오. 또한 다른 사람들과 '함께' 웃는 법을 배우십시오. 개미핥기의 묘한 몸짓에서, 신이 나서 놀고 있는 아이들의 모습에서 웃음을 찾아보십시오. 기타 일상 생활 속에서 우리에게 웃음을 선사하는 그런 순간들을 놓치지 말고 포착하십시오.

매일의 삶 속에서 웃음의 순간들을 놓치지 않고 포착할 수 있는 지혜와 능력을 주시도록 기도하며, 적극적으로 찾아보십시오. 하나님께서 우리 입이 웃음과 기쁨의 외침으로 충만하게 해주실 것입니다.

적용을 위한 성경공부

1. 가. 당신이 최근에 고개를 젖히며 배를 움켜쥐고 크게 웃었던 일을 한 가지 드십시오.

나. 당신은 보통 무슨 일에 웃습니까? 비꼬는 농담을 들을 때? 남들이 창피를 당할 때? 남들이 즐거워할 때? 자기 자신에 대하여? 기타

다. 당신이 얼마나 잘 웃는지 스스로 1-10점까지 점수를 매겨 보십시오. 그 다음 아내(남편), 자녀들, 가장 친한 친구들에게 점수를 매겨 보게 하십시오.

2. 가. 잠언 17:22을 자신의 말로 쓰십시오. 현재 당신의 마음은 어떻습니까? "마음의 즐거움"은 어떻게 "심령의 근심"을 몰아냅니까?

나. 마태복음 11:28-30은 "심령의 근심"을 몰아내는 또 하나의 방법을 제공합니다. 그것은 무엇이며, 또한 그것은 웃을 줄 아는 능력과 어떤 관계가 있습니까?

_____
_____
_____
_____

다. 이 책을 통해서 배운, "마음의 즐거움"을 얻는 또 다른 방법들은 무엇입니까?

_____
_____
_____
_____

3. 웃는 마음을 계발하기 위하여 당신이 이번주에 할 것을 두 가지 적으십시오. 매일 그것들을 위해 기도하고 실천하십시오!

_____
_____
_____

4. 잠언 17:22을 암송하고, 이번주에 매일 그 말씀을 묵상하십시오.

_____
_____
_____

8
믿음으로 충만함

나는 무심코 지나쳤다가 문득 뭔가 스치는 생각이 있어서 그 광고를 다시 읽어 보았습니다.

특별 판매
믿을 만한 진짜 모조품
구찌 스타일 핸드백
87.5% 할인

뭐라고! 믿을 만한 진짜 모조품! 모조품이면 가짜가 아니야? 진짜 모조품이라는 것도 있나?

진짜 구찌 핸드백 못지않게 아주 잘 만든 믿을 만한 것이라서 진짜 모조품이라고 한 모양이라는 생각이 들었습니다.

우리는 모조품을 믿을 수는 없습니다. 믿음과 그 믿음의 대상 모두가 진짜이어야만 합니다. 하나님께서는 이렇게 말씀하십니다: "우리가 마음에 뿌림을 받아 양심의 악을 깨닫고 몸을 맑은 물로 씻었으니, 참마음과 온전한 믿음으로 하나님께 나아

가자. 또 약속하신 이는 미쁘시니 우리가 믿는 도리의 소망을 움직이지 말고 굳게 잡아"(히브리서 10:22-23).

우리는 온전한 믿음을 가져야 합니다. 다른 말로 하면, 우리는 믿음으로 **충만해져야** 합니다.

이와 관련하여 몇 가지 질문이 있는데, 내 마음에 맨 먼저 떠오르는 질문은, "내 안에 불안정한 감정들, 예를 들어 무서워한다거나 염려한다거나 우울하다거나 하는 감정들이 있으면, 이것은 내가 온전한 믿음을 가지고 있지 않다는 것을 가리키는가?" 하는 것입니다.

나의 생각은 과거로 거슬러 올라갔습니다…

* * *

천지가 온통 하얬습니다. 나는 어디가 어딘지 알 수가 없었습니다. 쌔앵-쌩 날카로운 비명을 지르며 휘몰아치는 눈보라 속을 혼자서 차를 몰고 있었습니다.

무서웠습니다.

윈도우 브러시가 부지런히 유리를 닦았지만 아무 소용이 없었습니다. 헤드라이트의 불빛도 흰 눈에 반사되어 돌아와 오히려 눈이 부셔 앞을 잘 볼 수가 없었습니다. 차 주위에서는 눈발이 소용돌이쳤습니다. 눈이 차체에 얼어붙었습니다.

하얀 블라우스에다 겉에는 모직으로 된 빨간색 정장을 입고 하이힐을 신은 채, 방금 한 시간 전에 여성 수양회장을 떠나 콜로라도스프링스의 집까지 장장 250마일을 달려가고 있는 중이었습니다. 서부 네브래스카에 있는 그 작은 수양회장을 떠날 때는 바람이 몹시 불고 있었고, 비가 약간씩 차 앞 유리를 때리고 있었습니다. 나는 이런 10월 초에는 아무 문제가 없으리라 예상했고, 좋아하는 찬송가 테이프를 틀고 거기에 맞춰 흥겹게 콧노래를 불렀습니다.

무의식적으로 나는 한동안 그 길에서 차를 한 대도 보지 못했다는 것을 깨달았습니다. 이상한 예감이 들었지만 무시해 버렸습니다. 주위가 허허벌판인데다가 길이 오르막길이어서 눈보라가 갑작스레 더욱 세차게 휘몰아쳤습니다. 도로의 경계선을 알 수가 없었습니다. 아차 하는 사이에 길 옆 도랑에 처박힐 상황이었습니다. 설령 경계선이 보인다 해도 돌아 나올 수 없었습니다.

"하나님, 이 눈보라를 제발 멈추어 주십시오. 사방이 전혀 보이지 않습니다." 나는 큰 소리로 부르짖었습니다.

바람은 좀처럼 약해질 기미가 보이지 않았습니다.

"주님, 제가 계속 도랑에 빠지지 않고 길 위를 달리게 해주옵소서" 하고 간절히 기도했습니다. 주님께서는 나의 기도에 응답해 주셨습니다.

주님의 도우심으로 나는 기적적으로 계속 길을 벗어나지 않을 수 있었습니다. 앞이 안 보였지만 조금씩 조금씩 앞으로 나아갔고, 차를 멈추지 않았습니다. 차는 길에 바싹 달라붙어 바람에 밀려 쌓인 눈 위를 비틀거리며 아무 불평 없이 나아갔습니다. 잠깐 동안 길 위에 하얀 리본처럼 바퀴 자국이 나 있는 것을 언뜻 보았습니다. 그 다음 순간 바퀴 자국은 눈보라에 의해 순식간에 지워져 버렸습니다.

갑자기 앞에 트럭이 하나 나타났습니다. 한 남자가 고개를 푹 숙이고 눈보라 속을 걸어 천천히 내 차 쪽으로 다가왔습니다. 그 사람은 나에게 큰 소리로 말했습니다: "잠깐만요. 저 트럭을 따라오십시오. 앞에는 눈보라가 아주 세차게 휘몰아치고 있습니다. 저 트럭이 당신을 위해 길을 뚫어 줄 것입니다."

나는 그 트럭을 바짝 따라갔는데, 도중에 잠깐 머뭇거리는 순간에 그 트럭의 꼬리등 불빛을 놓쳐 버렸습니다. 그 트럭이 어디로 가고 있는지, 앞에서 길을 만들고 있는지 전혀 알 수가 없었습니다. 아무것도 볼 수가 없었습니다. 나는 순간 순간 기도하면서 기듯이 천천히 앞으로 나아갔습니다.

내 파란색 오메가 차는 희게 뒤덮인 채 천천히 무거운 발걸음을 내디디며 오르막길을 올라가고 있었습니다. 마침내 언덕 정상에 도달했습니다. 작은 트럭 하나가 길을 가로막았습니다. 나는 앞으로 나아갈 수가 없어서 차를 멈추었습니다. 바람이 순간적으로 죽었습니다. 주위에 제설차, 트럭, 승용차 등 다른 차들이 여럿 있었습니다. 대부분 눈 속에 반쯤 파묻혀 있었고 어떤 차는 도랑 속에 푹 처박혀 있었습니다.

나는 온 몸이 언 채 운전석에 앉아 있었습니다. 마음속에 두려움이 있었으나, 이 두려움을 압도하는 침착함과 평안이 나를 사로잡았습니다.

이윽고 고속도로 사무소에서 한 남자가 내 차 쪽으로 눈보라 속을 헤치며 다가왔습니다. 창문을 내리니 한바탕 찬바람이 세차게 그의 목소리와 함께 불어 닥쳤습니다. "저 교회로 차를 끌고 가는 것이 좋겠습니다" 하고 그가 고함을 쳤습니다. "교회 안은 따뜻합니다. 거기에는 다른 사람들도 있습니다. 당신은 제설차를 기다려야 합니다. 제설차가 오면 우리가 여러분들을 안내할 겁니다."

그 사람의 도움을 받아 조심스럽게 교회로 차를 몰고 갔습니다. 교회 안으로 들어서니, 왁자지껄 시끄럽게 떠드는 소리가 나를 맞이했습니다. 한 가족은 온 식구 여섯 명이 그날 아침 풋볼 게임을 보러 가다가 아침 8시 30분부터 교회에 피해 있다고 했습니다. 내 시계를 언뜻 보니 오후 5시 정각을 가리키고 있었습니다.

그 다음 약 1시간 동안 우리는 기다렸고, 간간이 곤경에 처한 우리의 상황을 보고하는 무전기 소리가 들려 왔습니다. "여기는 지금 제설차 두 대가 꼼짝 못하고 있습니다. 또 한 대 필요합니다." 누군가가 간곡하게 말했습니다. 그 다음 응답이 왔습니다. "우리도 이제 없다. 당신들 스스로 하기 바란다."

한 트럭 운전사가 나에게 어디에서 왔는지 물었습니다. 북쪽에서 왔다고 말하자 그의 눈이 휘둥그레지면서, "아니, 어떻게 여기까지 오셨습니까?" 하고 물었습니다. 나는 속으로 "저는 도움을 받았습니다"라고 말할까도 했지만 잠자코 있었습니다. 여러 시간 동안 북쪽에서 온 사람은 나밖에 없었습니다. (나는 도대체 차라고는 하나도 보지 못했습니다!)

한 트럭 운전사는 도로 옆쪽에 처박혀 있는 차를 피하려고 급브레이크를 밟다가 그만 트럭이 거의 전복되다시피 하여 차를 버려 두고 빠져 나왔다고 했습니다. 그는 언덕 꼭대기에 가서야 그 차를 볼 수 있었다고 했습니다.

오후 5시 45분경 제설차 한 대가 도착했습니다. 제설차를 선두로 모두들 킴볼 읍내로 가기로 했습니다. 아까 말한 그 트럭 운전사가 내 차를 몰기로 했습니다. 맨 앞에 제설차가 길을 냈지만, 그 다음 차들이 꽁무니에 심한 소용돌이 바람을 일으키는 통에 여러 번이나 길이 지워져 버렸습니다. 눈보라는 여전히 휘몰아치고 있었습니다. 우리는 온 신경을 곤두세우고 앞차의 바퀴 자국과 꼬리등 불빛을 놓치지 않으려고 눈을 부릅떴습니다. 우리 앞에 가던 픽업이 자꾸만 미끄러졌습니다. 운전사는 여러 번이나 차를 세우려고 애를 썼습니다. 그러더니 그만 길 옆의 도랑으로 처박혀 버렸습니다. 픽업에 탔던 사람들에게 우리 차에 타라고 청했더니, 그들은 차량 대열의 맨 마지막에 있는 트럭에 타겠다고 하였습니다. 그래서 맨 앞에 제설차, 그 다음 우리 차가 되었습니다. 그런데 그 와중에 우리 앞에 가던 제설차의 꼬리등 불빛이 눈보라 속으로 사라져 버렸습니다.

뒷좌석에 앉은 노인은 연방 창문을 두드려 눈을 털어 내리며 길 왼편을 살폈고 나는 오른편을 지켜보았습니다. 거대한 흰 벽만이 앞에 있을 뿐이었습니다.

내 생애에서 가장 긴 30분이었습니다. 한참 만에야 제설차를 발견했습니다. 바람이 약간 자는 곳에서 우리를 기다리고 있었습니다.

네브래스카의 킴볼! 마침내 우리는 도착했습니다. 마음속으로 하나님을 찬양했습니다! 나는 모텔을 찾았습니다. 그런데 한결같이 모두 현관에 "빈방 없음"이라고 팻말이 걸려 있었습니다. 모두들 어려운 처지에 처하게 되었습니다.

나는 마침내 어느 모텔로 차를 끌고 들어갔습니다. 주인이 친절하게 전화를 사용하도록 해주었습니다. 나는 수양회의 책임자였던 분에게 전화를 걸어 사정을 이야기하고, 킴볼에 나를 재워 줄 만한 사람이 있는지 물어 보았습니다. 그분은 한 부인을 소개해 주었습니다.

나를 데리러 온 그 부인은 아주 친절했습니다. 그녀는 갑자기 찾아 든 불청객에게 기쁜 마음으로 따뜻한 방과 따뜻한 식사와 편안한 잠자리를 제공했습니다. 성도들을 통하여 보내 주신 하나님의 선물이었습니다.

원래 계획했던 것보다 하루 늦게, 그 다음날 집을 향해 가면서 전날의 일을 깊이 생각해 보았습니다. 하나님께서는 내가 다른 방법으로 가게 하실 수도 있었을 것입니다. (나는 보통 비행기로 가는데, 이번 경우에는 자동차로 가는 것이 더 빠르리라고 생각하여 자동차를 택했던 것입니다.) 하나님께서는 눈보라가 몰아치지 않게 하시거나, 또는 눈보라를 잠시 보류하실 수도 있었을 것입니다. 그러나 하나님께서는 내가 눈보라를 만나지 않도록 하심으로써 나를 구해 주신 것이 아니라, 눈보라를 겪게 하시고 그 속에서 나를 구해 주셨습니다. 또 하나님께서는 "선한 사마리아인들"을 보내 주셔서 사랑을 보여 주셨습니다. 하나님께서는 한 치 앞도 볼 수 없는 길에서 나를 지켜 주셨고, 내 차 오메가를 고장 나지 않게 해주셨으며, 무서움이 엄습할 때 내 마음을 평안하게 지켜 주셨습니다.

하나님께서는 우리가 삶의 눈보라를 겪지 않도록 미리 구해 주시는 때가 여러 번 있습니다. 그러나 그런 경우에는 대부분 우리가 그것을 깨닫지 못하며, 따라서 하나님께 감사드리지도 않습니다.

그러나, 하나님께서는 어떤 때는 우리가 삶의 눈보라를 겪게 하십니다. 눈보라를 겪으면서 우리는 하나님의 놀라우신 역사를 직접 체험으로 알게 됩니다. 거기에는 하나님께 대한 찬양이 있고, 하나님께서 우리에게 가르쳐 주실 교훈이 있습니다.

믿음에 대한 의문들이, 세찬 눈보라처럼, 우리 주위에서 소용돌이치며, 마음의 앞 유리를 때릴 때, 우리는 그 눈보라 속에서 우리와 함께 계시는 하나님의 임재를 보지 못하는 경우가 있습니다.

"두려움과 평안이 어떻게 공존할 수 있는가? 그런 것을 어찌 믿음이라 할 수 있는가?" 하고 물을 수 있을 것입니다. 나는 가능하다고 생각합니다. 나는 이 질문을 깊이 생각하면서, 고린도후서 6:10에 있는 바울의 말을 깊이 이해하게 되었습니다 – "근심하는 자 같으나 항상 기뻐하고." 근심과 기쁨은 공존할 수 있습니다. 전적으로 서로 다른 감정을 동시에 가지는 것은 분명히 정상적입니다. 하나님께서는 이해하고 계십니다.

시편 73편의 기자는 자기의 감정들을 정확하게 묘사합니다. 그는 주위에서 악인들이 성공하는 것을 보고 당황하며 충격을 받았습니다. 그들은 근심 걱정도 없고, 계속 부유해지고, 건강하고, 평범한 사람들이 지는 짐도 없었습니다. 그는 깨끗한 삶을 살기로 했던 자기의 헌신에 대하여 후회했습니다. "내가 내 마음을 정히 하며 내 손을 씻어 무죄하다 한 것이 실로 헛되도다"(13절).

그러나 그는 지혜롭게도, 자기의 감정들을 사람들에게는 배출하지 않았습니다. 그는 하나님께 자기의 **모든** 감정을 말씀드렸습니다. 그는 악인들의 성공을 이해하려고 노력해 보았지만 마음이 숨막힐 듯 답답하였습니다 – "내가 어찌면 이를 알까 하여 생각한즉 내게 심히 곤란하더니"(16절).

그러다가 그에게 전환점이 왔습니다. 악인들의 외적인 성공을 받아들이고 이해하는 열쇠를 발견하게 되었습니다. 그는 "하나님의 성소에 들어갈 때에야 저희 결국을 내가 깨달았나이다"(17절)라고 고백했습니다. 그는 하나님 앞에 나아갔을 때 비로소 그 문제에 대한 하나님의 관점을 깨닫게 되었습니다.

우리가 하나님의 관점으로 삶을 바라보며, 불공평한 일들 가운데서도 참 기쁨을 소유할 수 있는 유일한 곳은 하나님의 존전입니다. 마침내 시편 기자는 하나님의 마지막 심판을 깨달으며, 자기 삶 속에서의 하나님의 임재와 선하신 계획을 깨닫게 되었습니다. "내가 항상 주와 함께하니 주께서 내 오른손을 붙드셨나이다. 주의 교훈으로 나를 인도하시고 후에는 영광으로 나를 영접하시리니"(23-24절).

시편 기자의 고백은 25절에서 절정에 달했습니다: "하늘에서는 주 외에 누가 내게 있으리요. 땅에서는 주밖에 나의 사모할 자 없나이다." 그러나, 동시에 그는 자기 안에 모순된 감정들이 함께 있다는 것을 인정했습니다. "내 육체와 마음은 쇠잔하나 하나님은 내 마음의 반석이시요 영원한 분깃이시라"(26절).

나는 하나님께서 성경 말씀 가운데 이런 구절을 넣으신 것이 기쁩니다. 한번에 여러 가지 감정을 느끼는 것이 정상이요 좋으며 훌륭하고 자연스럽다고 말씀하십니다. 시편 73편에서 우리는 깊은 비탄과 혼돈과 절망과 낙심과 아울러, 신뢰와 희망과 확신과 안전, 그리고 무엇보다도 믿음을 봅니다. 나를 잘 아시고 이해하시는 하나님께서 내 마음속에서 동시에 일어나는 다양한 감정들을 웃으시며 받아 주시는 것을 알 때 마음이 너무도 편합니다.

그러나 또 하나의 심각한 질문이 마음의 평안을 흔들어 놓습니다. 어떻게 하면 근심이 "세상 근심"이 아니라 "하나님의 뜻대로 하는 근심"이 될 수 있는가? 어떤 근심이나 염려는 죄가 되고, 어떤 근심이나 염려는 죄가 안 된다는 말인가?

나는 네브래스카의 킴볼에서 그 부인의 집에 도착하자마자 남편이 걱정하지 않도록 집에 전화를 했습니다. 콜로라도스프링스는 날씨가 좋았기 때문에 남편은 아무 걱정도 하지 않고 있었습니다. 그러나 문제는, 내가 나에 대한 남편의 관심을 기대하고 있었다는 것입니다. 내가 늦게 도착해도 남편이 아무 걱정도 하지 않는다면 나는 마음에 상처를 입을지도 몰랐습니다. 예정된 시간에 오지 않는 아내에 대하여 마음에 걱정하는 것이 과연 올바른 것인가 잘못된 것인가?

바울은 빌립보서 4:6-7에서 이렇게 말했습니다: "아무것도 염려하지 말고 오직 모든 일에 기도와 간구로 너희 구할 것을 감사함으로 하나님께 아뢰라. 그리하면 모든 지각에 뛰어난 하나님의 평강이 그리스도 예수 안에서 너희 마음과 생각을 지키시리라."

그러나, 바울은 고린도후서 11:28-29에서는 이렇게 말했습니다: "이 외의 일은 고사하고 오히려 날마다 내 속에 눌리는 일이 있으니, 곧 모든 교회를 위하여 염려하는 것이라. 누가 약하면 내가 약하지 아니하며, 누가 실족하게 되면 내가 애타 하지 않더냐?" 바울은 다른 그리스도인들을 위하여 염려하고 있는 것입니다.

우리는 다른 그리스도인들에 대하여 무관심해서는 안 됩니다. 우리는 참 사랑에서 나온 염려는 할 수 있으며, 또한 해야 합니다. 그러나, 하나님으로부터 나오지 않은, 육신적인 염려는 해서는 안 됩니다. 베드로전서 5:7에 이렇게 말씀하고 있습니다: "너희 염려를 다 주께 맡겨 버리라. 이는 저가 너희를 권고하심이니라." 하나님께서 친히 사랑의 관심으로 우리를 돌보고 계십니다.

결론적으로 말해서, 염려에는 두 가지가 있다고 할 수 있습니다. 하나는, 종국적으로 하나님을 믿지 못하는 데서 나오는, 세상적이요 육신적인 염려요, 다른 하나는, 진정한 사랑의 관심에서 비롯된 순수한 염려입니다. 이 둘 사이의 구분은 종종 쉽지 않습니다. 육신적인 염려가 순수한 염려를 가장하는 때도 있습니다.

바울은 환경이나 상황에 대하여 염려한 것이 아니라, 사람들에 대하여 염려하였습니다. 그러나 우리는 대개 상황과 환경에 대하여 염려합니다. 일자리가 없다느니, 건강이 나쁘다느니, 대우가 좋지 않다느니, 돈이 없다느니, 비행기를 놓쳤다느니, 어떤 물건을 잃어버렸다느니 하며 염려합니다. 그러나, 우리가 알코올 중독인 남편, 마음에 상처를 입은 친구, 병중에 있는 자녀, 영적으로 침체 가운데 있는 그리스도인 형제 자매에 대하여 관심을 갖고 사랑의 염려를 하는 것은 올바른 것입니다.

우리의 모든 육신적인 염려로부터 우리를 구하시고, 우리의 관심들을 함께 나누시는 하나님을 찬양합시다.

* * *

나는 그 눈보라를 통하여 많은 것을 배웠습니다. 내 안에 여러 가지 감정들이 - 심지어는 서로 다른 감정들이 - 동시에 있다 할지라도, 그것이 꼭 믿음의 결여를 가리키는 것은 아님을 알게 되었습니다. 나에게는 아직도 "참마음과 온전한 믿음으로" 하나님께 가까이 나아가는 것에 대하여 배우고 성장해야 할 것들이 많이 있습니다.

"믿음은 바라는 것들의 실상이요, 보지 못하는 것들의 증거"(히브리서 11:1)임을 우리는 잘 알고 있습니다. 믿음은 반석 되신 예수 그리스도 위에 서 있을 때 우리에게 있는 확신입니다. 앞에도 허공이요, 뒤에도 허공이요, 양 옆도 허공인 그런 상황 가운데서도 믿음을 가진 사람은 믿음 없는 사람에게는 보이지 않는 튼튼한 반석을 발견하고 발걸음을 내딛습니다.

그러면 믿음은 어떻게 얻을 수 있습니까? 어떻게 하면 믿음 안에서 더욱 성장할 수 있습니까? 무엇이 믿음을 낳습니까? 믿음의 부족은 기도 응답을 가로막습니까?

한번은 나의 보잘것없는 작은 믿음에 대하여 생각하고 있는데, 하나님께서는 나에게 주님께서 물위를 걸으신 사건을 생각나게 해주셨습니다(마태복음 14:22-33). 나는 주의 깊게 제자들, 특히 베드로의 반응을 주목했습니다.

제자들은 갈릴리 바다 위의 한 배 안에 있었습니다. 그리스도께서 물위로 걸어오시는 것을 보고 제자들은 무서워했습니다. 그 상황에 대한 자연스런 첫 반응이었습니다.

그리스도께서는 그들에게 제일 먼저 "염려"에 대하여 교훈하시지 않고, 그들을 안심시키셨습니다. "안심하라! 내니 두려워 말라"(27절).

그 다음, 제자들 중에서는 나이가 많고 마음이 좋고 충동적인 베드로가 자기의 작은 믿음을 보였습니다. "주여, 만일 주시어든 나를 명하사 물위로 오라 하소서"(28절).

예수님께서는 "오라!" 하고 말씀하셨습니다. 베드로는 배에서 내려 물위로 걸어서 예수님께로 갔습니다. 베드로는 큰 믿음을 소유하고 있지 않았지만, 자기의 작은 믿음을 가지고 불확실하고 위험한 상황에 자신을 기꺼이 던졌습니다.

그러나, 그 다음 베드로는 거센 바람과 파도를 보았습니다. 그의 마음속에 의심의 파도가 거세게 일었습니다. 바로 그 순간 그는 빠져 가기 시작했습니다. 도움을 청하는 그의 외침이 바다 위에 울려 퍼졌습니다. "주여, 나를 구원하소서!"

두 번째 강의가 시작되었습니까? 아닙니다. 주님께서는 즉각 손을 내밀어 베드로를 붙잡으셨습니다.

당연한 책망을 하신 것은 바로 그때였습니다. "믿음이 적은 자여, 왜 의심하였느냐?"(31절).

주님과 베드로가 함께 배에 오르자 바람이 그쳤습니다. 제자들의 반응은 예수님께 절하는 것이었습니다. 그들은 이렇게 말했습니다: "진실로 하나님의 아들이로소이다"(33절).

베드로는 작은 믿음을 소유했지만, 그 믿음을 행동으로 옮겼습니다. 하나님의 신실하심을 우리에게 나타내 보여 주는 것은 바로 우리의 큰 믿음이 아니라, 행동으로 나타나는 작은 믿음인 것입니다. 당신은 이 사건에서 누가 예수님에 대한 믿음을 더 발전시켰다고 생각합니까? 베드로입니까, 배에 머물러 있던 제자들이었습니까? 물론 베드로였습니다. 물위로 걸은 사람은 베드로였습니다. 그가 물 속에 빠지기 시작할 때 예수님께서는 "베드로야, 참 안됐다. 너는 나를 더욱 믿어야 했어"라고 말씀하시지 않았습니다. 예수님께서는 즉시 그를 구해 주셨습니다!

베드로는 가장 좋은 교훈을 배웠습니다. 어려움이 올 때 - 그것이 비록 의심으로 말미암은 것일지라도 - 주님께 도움을 구하면, 주님께서는 결코 우리를 저버리지 않고 돌보아 주신다는 것을 그는 발견했습니다. 또한 구원하는 것은 우리의 큰 믿음이 아니라, 우리의 크신 하나님이시라는 것을 배웠습니다.

믿음은 신실하신 하나님을 알고 경험함으로써 성장합니다. 우리는 주님의 말씀을 통하여 주님을 바라봄으로써 주님을 알아 가게 되며, 주님의 약속에 근거하여 작은 믿음을 사용하여 믿음의 발걸음을 내디딜 때 주님을 경험합니다. 길이 어두컴컴하여 마음에 의심이 일지라도 한 걸음씩 하나님께 가까이 나아가는 자에게는 누구나 하나님께서 그의 앞길에 빛을 비춰 주어 천 리를 가게 하실 것입니다.

우리의 교사와 인도자로서 우리에게 성령을 주시고, 우리를 돌보시는 하나님 아버지를 우리는 모시고 있습니다. 어려움에 대하여 하나님을 믿고 의지하는 대신 염려할 때, 우리가 하나님께 마음을 열고 있다면, 하나님께서는 경고의 신호를 우리에게 보내 주실 것입니다. 하나님께서는 다양한 상황 속에서 우리가 다양한 감정들을 느끼는 것이 우리에게 믿음이 없다는 것을 보여 주는 것이 아니라, 단지 우리의 인간성이라는 것을 확신하게 해주실 것입니다. 성령께서는 우리가 강하고 확실한 믿음을 발전시키도록 도와주실 것입니다. 우리가 신실하신 하나님을 앎으로 말미암아 온전한 믿음으로 충만해질 때까지.

심지어 눈보라 속에서도.

적용을 위한 성경공부

1. 사전을 참고하여 믿음의 정의를 내려 보십시오.

   _____

   _____

2. 성경은 우리에게 하나님을 믿어야 하며, 하나님과 하나님의 백성들에게 신실해야 한다는 것을 보여 줍니다. 다음 구절들에 의하면, 우리가 신실해질 수 있는 방법은 무엇입니까?

   가. 잠언 11:13 _____

   _____

   나. 잠언 14:5 _____

   _____

   다. 잠언 25:13 _____

   _____

   라. 잠언 27:6 _____

   _____

   마. 마태복음 24:45-46("집 사람들"과 "양식"은 무엇입니까?)

   _____

   _____

   바. 누가복음 16:10 _____

   _____

사. 누가복음 16:12 _____

아. 고린도전서 4:2 _____

3. 히브리서 10:22-23을 읽고, 자신의 말로 써보십시오. 우리는 어떻게 "온전한 믿음"을 가질 수 있습니까?

_____
_____
_____
_____

4. 당신은 믿음을 발전시키기 위하여 무엇을 하고 있습니까? 믿음의 성장을 위하여 새롭게 해야 할 일이라고 생각되는 것은 무엇입니까?

_____
_____
_____
_____

5. 이 장에서 특별히 당신에게 의미가 있었던 구절을 하나 암송하십시오.

6. 시편 31:23, 시편 101:6, 잠언 28:20에 의하면, 믿음(성실, 충성)으로 행할 때 주어지는 상급은 무엇입니까?

7. 성경에 있는 믿음의 사람들 중 한 사람을 택하여 그의 삶을 공부해 보십시오. 예를 들면, 아브라함, 모세, 룻, 사무엘, 다윗, 예수님, 기타 등등.

9
화평으로 충만함

사무실 계단을 급히 올라가고 있는데, 바로 옆 책상에서 일하고 있던 부인이 나를 향해 몸을 돌리더니, 미소를 지으며 말했습니다: "어젯밤에 있었던 일을 꼭 말씀드리고 싶어요. 우리가 함께 '주님과 동행할 때'라는 찬송을 불렀습니다. 그런데 문득 들으니, 다섯 살 된 딸애가 '주님께서는 늘 우리와 함께 거하시네'라고 불러야 되는데, '주님께서는 우리에게 평안을 주시네'라고 부르지 않겠어요?"

그렇습니다. 하나님께서는 우리에게 평안을 주십니다. 하나님께서는 나에게 평안, 화평, 평화, 고요함을 주십니다. 주님께서는 잔잔한 물가로 나를 인도하십니다. 주님께서는 내 영혼을 소생시키십니다.

로마서 15:13에서 이렇게 말씀하고 있습니다: "소망의 하나님이 모든 기쁨과 평강을 믿음 안에서 너희에게 충만케 하사 성령의 능력으로 소망이 넘치게 하시기를 원하노라." 우리는 기쁨과 평안으로 충만하여, 소망으로 넘쳐야 합니다. 기쁨, 평강, 믿음, 소망 – 모두 우리 모두가 갈망하는 것들입니다. 그러나, 우리는 어떻게 평강으로 충만할 수 있습니까? 우리의 삶의 모든 영역으로 평강이 침투하지 못하게 하는 것들은 무엇입니까?

바울은 로마 성도들의 삶 속에 기쁨과 평강이 충만하도록 기도하였습니다. 지난달 당신과 나는 평강을 위하여 몇 번이나 기도했는지 의문입니다. 먼저 우리 자신이 믿음 안에서 평강이 충만하도록 기도했습니까? 그리고 다른 사람들의 삶 속에 평강이 충만하도록 얼마나 자주 기도했습니까?

우리는 기도하지 않으면 안 됩니다 - 우리 모두는 하나님의 도우심을 필요로 하기 때문입니다.

어느 날 아침, 남편을 공항까지 배웅한 후, 외곽 도로를 거쳐 돌아오는 길이었습니다. 사거리에서 우회전을 하기 위해 일단 섰습니다. 내 앞에는 낡은 폭스바겐이 있었습니다. 앞차는 여자가 운전하고 있었는데, 우회전을 하기 위해 왼편을 쳐다보았습니다. (아무 차도 보이지 않았습니다.) 그녀는 오른쪽으로 방향을 틀었습니다. 나도 역시 왼쪽을 쳐다보고(여전히 아무 차도 보이지 않았습니다) 브레이크를 떼었습니다. 그리고 나서 앞을 보니 바로 코앞에 그 폭스바겐이 안 가고 서 있었습니다. 나는 질겁을 하고 브레이크를 꽉 밟았지만 때는 너무 늦었습니다. 나는 앞차의 후미를 들이받았습니다.

우리는 약간 진동이 있었을 뿐 다치지는 않았습니다. 둘 다 차에서 내렸습니다. 차를 살펴보니 둘 다 조금 상했을 뿐이었습니다. 그 여자는 나보다 나이가 좀 많아 보였는데, 즉각 자기가 다시 정지한 것을 정당화하기 시작했습니다. 자기는 운전을 많이 안 했다, 남편이 편찮아서 운전을 할 수 없다 등등 장황하게 이야기했습니다. 나는 그 부인에게, 우회전을 하다가 필요하다고 생각되면 얼마든지 정지할 권리가 그녀에게 있으며, 따라서 사고는 좀더 주의를 했어야 한 나의 책임이라고 말했습니다.

그러나 우리는 집 한 채, 가게 하나 없는 허허벌판에 서 있었습니다. 이 상황에서 이것을 어떻게 처리해야 할지 몰랐습니다. 경찰을 부를 것인가 말 것인가? 또 경찰은 어떻게 부르지?

갑자기 한 음성이 들려 왔습니다. 하늘에서 난 것 같았습니다. 몸은 보이지 않고 소리만 크고 명확하게 들려 왔습니다: "도움이 필요합니까?"

깜짝 놀라서 주위를 둘러보았습니다. 경찰차 하나가 한 반 구역쯤 거리에 있었고 경관은 손확성기로 우리에게 도움이 필요한지 물었습니다. 나는 그에게 오라고 손짓하면서 큰 소리로 웃지 않을 수 없었습니다.

나는 그 경찰관으로부터 도움이 필요했습니다. 이와 비슷하게, 나는 삶 모든 영역에서 하나님의 도움이 필요합니다. 이 도움은 하나님께서 주시겠다고 이미 약속하신 도움입니다. 하나님께서는 이사야 26:3에서 이렇게 약속하셨습니다: "주께서 심지가 견고한 자를 평강에 평강으로 지키시리니, 이는 그가 주를 의뢰함이니이다." 조금 뒤에서 이사야는 이렇게 말합니다: "여호와여, 주께서 우리를 위하여 평강을 베푸시오리니, 주께서 우리 모든 일을 우리를 위하여 이루심이니이다"(12절).

하나님께서는 계속 묻고 계십니다: "너 도움이 필요하니?" 나의 대답은 언제나 "예, 필요하고 말고요. 제발 도와주십시오" 입니다.

우리가 하나님 안에서 평강을 누리기 위해서는 먼저 해야 할 일이 있습니다. 우리는 먼저 하나님과 화목해야 하는 것입니다. 이사야는 악인에게는 평강이 없다고 큰 소리로 외쳤습니다(이사야 57:21). 사람은 누구나 죄를 범하였으므로 심판을 받기 위하여 하나님 앞에 서야만 합니다. 그러나 기쁜 소식이 있습니다. 로마서 5:1-2은 이렇게 말씀하고 있습니다: "그러므로 우리가 믿음으로 의롭다 하심을 얻었은즉, 우리 주 예수 그리스도로 말미암아 하나님으로 더불어 화평을 누리자. 또한 그로 말미암아 우리가 믿음으로 서 있는 이 은혜에 들어감을 얻었으며, 하나님의 영광을 바라고 즐거워하느니라." 그리스도께서 홀로 하나님과 우리의 화평을 이루셨다는 사실이 고린도후서 5:18에 잘 나타나 있습니다: "저[하나님]가 그리스도로 말미암아 우리를 자기와 화목하게 하시고." 그리스도는 우리의 화평이시며, 우리에게 평안을 전하셨습니다(에베소서 2:13-17).

그리스도께 속한 자들은 지금 하나님과 더불어 화평합니다. 그러나, 모든 그리스도인들이 빌립보서 4:6-7에 있는 '하나님의 평강'을 소유하고 있는 것은 아닙니다 – "아무것도 염려하지 말고 오직 모든 일에 기도와 간구로 너희 구할 것을 감사함으로 하나님께 아뢰라. 그리하면 모든 지각에 뛰어난 하나님의 평강이 그리스도 예수 안에서 너희 마음과 생각을 지키시리라." 우리는 대부분 "모든 지각에 뛰어난 하나님의 평강"을 이따금씩 소유합니다. 그것은 우리의 기분과 환경과 시간에 따라 있기도 했다 없기도 했다 합니다.

평화는 고요하고 평안한 상태요, 마음의 동요나 불안이 없는 상태입니다. 그것은 또한 대인 관계에서 조화를 이루는 상태입니다. 평화의 반대는 불안, 갈등, 싸움, 적대감입니다.
　내가 사랑하는 한 친구가 있는데, 그녀는 지금 "사망의 음침한 골짜기"를 지나고 있는 중입니다. 그녀의 인생은 주름살 투성이였고, 그녀는 주름살을 다림질하여 펴기로 결심했습니다. 그녀의 결심을 들으면서 어떤 사람이 최근에 내게 준 아름다운 글귀가 생각났습니다.

　　나의 목표는
　　하나님이라오.
　　어떤 값을 치르더라도,
　　어떤 방법을 다해서라도,
　　나의 목표는 주님이라오.

　그녀는 남편에게서 셀 수 없이 많은 상처를 입었습니다. 그녀는 남편을 용서하기 위하여 자기 자신과 피나는 싸움을 했습니다. 그녀는 꾸준히 그 싸움에서 이기고 있습니다.
　다른 사람과 화평한 관계 가운데 사는 것이 우리의 책임이라면, 용서는 우리에게 하나의 선택 사항이 아닙니다. 용서는 절대적인 명령인 것입니다.
　우리에게 상처를 입힌 사람이나 부당한 피해를 입힌 사람들을 용서하지 않고는 하나님의 평화를 결코 소유할 수 없을 것입니다. 결코.
　우리는 용서에 대하여 잘못된 생각을 가지고 있는 경우가 많습니다. 어떤 아이가 있었는데, 다른 아이가 그의 초콜릿을 훔쳐 갔습니다. 화가 난 아이에게 엄마가 "용서하고 잊어버리라"고 말해 주었습니다. 그런데 그는 훔쳐 간 아이를 쫓아가 땅바닥에 때려눕히고 그 위에 깔고 앉아 말했습니다: "네가 내 초콜릿을 훔친 것은 용서하지만, 네 입에 묻은 초콜릿은 좀처럼 잊지 못할 거야."

"나는 너를 용서할 수 있어. 그러나 그 일을 결코 잊지 못할 것이다"라고 하는 경우가 많은데, 잊지 않고도 용서하는 것이 과연 가능할까요?

물론 빼앗기거나 모욕당하거나 마음에 상처를 입은 그 자체를 "잊어버릴" 수는 없습니다. 어떤 상처들은 우리의 기억 속에 지울 수 없을 정도로 깊이 새겨져 있습니다. 그러나, 상처를 준 그 해로운 사건들이 완전히 기억 속에서 사라질 수는 없을지라도, 그것들은 반드시 치료되고 독성이 제거되어야만 합니다. 바울은 고린도전서 13:5에서, "사랑은 성내지 아니하며 악한 것을 생각지 아니한다"고 말했습니다. 따라서 상처를 "잊는다"는 말은 상처를 입은 것에 대하여 상대방에게 악의나 원한을 품거나 악한 것을 생각하지 않는 것을 의미합니다. 또한 그 사건을 생각할 때마다 마음에 생기는 모든 쓴뿌리를 기도를 통하여 없애 버리는 것을 의미합니다.

용서하지 않는 것은 죄입니다. 겉보기는 대수롭지 않을지 모르나 사실은 아주 악한 죄입니다. 우리가 잠시 방심한 사이에 그것은 우리를 파멸로 이끌어 갑니다.

오늘 아침 집 주위를 산책하다가 다른 집 정원을 들여다보았는데, 잔디가 누렇게 죽어 가고 있는 집이 여럿 있었습니다. 그들은 이곳 콜로라도스프링스에서 산 지 얼마 되지 않았기 때문에, 아직 그 병과 싸우는 법을 배우지 못한 모양이었습니다. 남편은 이 잔디의 적과 늘 싸우고 있습니다. 무기는 거름, 비료, 제초제, 그리고 무엇보다도 살균제입니다. 남편이 이 싸움에서 잠시 해이해지는 순간 그 균은 퍼지기 시작합니다.

우리의 영적 삶과 비슷한 점이 너무도 많다는 생각이 들었습니다. 우리가 죄와의 싸움에서 잠시 해이해지는 순간 그 죄라는 균은 우리의 삶에 퍼지기 시작하는 것입니다.

*　　*　　*

우리가 다른 사람과 화평한 가운데 사는 데 필수적인 것 중 하나는 다른 사람들과의 관계에서 화평을 위하여 **노력하는 것**입니다. "하나님의 나라는 먹는 것과 마시는 것이 아니요, 오직 성령 안에서 의와 평강과 희락이라. 이러므로 우리가 화평의 일과 서로 덕을 세우는 일을 힘쓰나니…. 할 수 있거든 너희로서는 모든 사람으로 더불어 평화하라. 내 사랑하는 형제들아, 너희가 친히 원수를 갚지 말고, 진노하심에 맡기라. 기록되었으되, '원수 갚는 것이 내게 있으니, 내가 갚으리라'고 주께서 말씀하시니라"(로마서 14:17,19, 12:18-19).

우리는 **결코** 복수해서는 안 됩니다. 하나님의 절대주권에 맡기십시오. 복수는 참으로 참혹한 것입니다. 옛날에는 복수가 사회적으로 정당화된 적이 많았고, 지금도 어떤 곳에서는 복수가 인정되기도 합니다. 사람을 죽이면, 죽은 사람의 가족은 죽인 자를 찾아내어 보복하거나, 그 사람을 찾아내지 못하면 그 사람의 가족 중 한 사람에게 보복하기도 합니다. 이 보복의 악순환은 계속되어 수백 년 동안 되풀이되는 경우도 있습니다.

때로는 그것이 살인한 당사자와 가족을 넘어, 가문, 그가 속한 정당, 종교, 민족에게 복수가 가해질 수도 있습니다. 이러한 복수의 태도 때문에 아일랜드에서, 레바논에서, 그리고 세계 도처에서 쓰디쓴 전쟁의 비극이 벌어지고 있는 것입니다.

물론, 우리 대부분은 복수가 법적으로 인정되어 있는 그런 문화 속에서 살고 있지는 않습니다. (설령 그러한 문화 속에서 살고 있을지라도 우리는 하나님의 법을 따라야 합니다.) 그러나 우리의 마음에는 우리의 옛 문화가 어떠했든지 간에 복수하려는 마음이 있습니다. 상처를 입으면 그 보복으로 상처를 입히기를 원합니다. 남으로부터 중상모략을 당하면, 상대방에게 폭언을 퍼붓거나 비난을 가함으로써 자신을 방어하거나 상대방을 공격합니다. 이러한 복수의 경향은 나면서부터 우리 안에 있습니다. 상대방에게 다시 보복하지 않도록 하기 위해서는 **초자연적인** 태도가 필요합니다. 이러한 태도는 하나님의 성령께서 우리 안에 거할 때 가질 수 있습니다.

잠시 시간을 내어 다음 세 가지 질문을 해보기 바랍니다. 나는 어떤 것에 대하여 어떤 사람에게 쓴뿌리를 품고 있지는 않은가? 나는 내게 상처를 입히거나 모욕을 준 어떤 사람에게 보복하려고 하고 있지는 않은가? 나는 사람들과 화평하기 위해 노력하고 있는가?

답을 해보셨습니까? 만일 부정적인 답이 나온다면, 그 문제를 하나님께 가지고 나아가서 하나님께서 깨끗케 하여 주시고 치료하여 주시기를 구하십시오.

죄는 평화를 앗아갑니다.

* * *

우리가 화평으로 충만해지기 위하여 그 밖에 할 수 있는 것은 무엇입니까?

여러 해 전 나는 시편 119:165을 암송했습니다 - "주의 법을 사랑하는 자에게는 큰 평안이 있으니, 저희에게 장애물이 없으리이다." 나는 이 말씀을 묵상할 때마다 도전을 받습니다. 내 감정이 상하여 있을 때, 이 구절은 나의 죄를 깨닫게 합니다. 내 마음이 하나님과 하나님의 말씀을 향하여 있고, 또 나의 생각과 시선이 위엣 것에 가 있으며, 올바르고 참되고 선한 것을 늘 생각하고 있다면, 삶에서 일어나는 작은 일들이 나에게 그토록 많은 영향을 끼칠 수가 없기 때문입니다.

주님의 말씀에 초점을 두며, 또 그 말씀을 통하여 주님께 초점을 두는 것은 "하나님의 모든 충만하신 것으로 충만해지는" 데 있어서 기본입니다. 로마서 8:6에서 하나님께서는 분명하게 말씀하십니다: "육신의 생각은 사망이요, 영의 생각은 생명과 평안이니라."

화평으로 충만해지는 또 하나의 비결은, 삶 속에서의 하나님의 훈련과 징계를 받아들이는 것입니다. "무릇 징계가 당시에는 즐거워 보이지 않고 슬퍼 보이나, 후에 그로 말미암아 연달한 자에게는 의의 평강한 열매를 맺나니"(히브리서 12:11). 우리가 하나님의 훈련과 징계를 받을 때에 달아나거나, 부인하거나, 또는 쓴뿌리를 품으려 한다면, 우리의 삶 속에는 평화가 사라질 것입니다. 성경은 우리에게 "주를 깨끗한 마음으로 부르는 자들과 함께 의와 믿음과 사랑과 화평을 좇으라"(디모데후서 2:22)고 말씀하고 있습니다. 순결한 삶 속에는 평화가 있습니다.

"너희의 구속자시요 이스라엘의 거룩하신 자이신 여호와께서 가라사대, '나는 네게 유익하도록 가르치고 너를 마땅히 행할 길로 인도하는 너희 하나님 여호와라. 슬프다. 네가 나의 명령을 듣지 아니하였도다. 만일 들었더면 네 평강이 강과 같았겠고, 네 의가 바다 물결 같았을 것이며'"(이사야 48:17-18).

하나님의 말씀에 순종하는 삶을 살 때 우리에게는 강 같은 평화가 분명히 넘칠 것입니다. 넓고도 깊고 고요한 강 같은 평화가. "내 아들아, 나의 법을 잊어버리지 말고 네 마음으로 나의 명령을 지키라. 그리하면 그것이 너로 장수하여 많은 해를 누리게 하며, 평강을 더하게 하리라"(잠언 3:1-2).

평강(평화, 화평, 평안)은 성령의 열매이며, 하나님의 자녀로서 내가 누릴 기업입니다. 그러나, 평강을 소유하기 위해서는 조건이 충족되어야만 합니다. 즉, 순결한 삶을 유지하며, 다른 사람들과 화평하기를 힘쓰며, 나의 시선을 늘 평화의 왕께 두는 것입니다. 그리고 평강이 나를 주장하도록 해야 할 책임이 있습니다.

선택권은 나에게 있습니다.

"그리스도의 평강이 너희 마음을 주장하게 하라. 평강을 위하여 너희가 한 몸으로 부르심을 받았나니, 또한 너희는 감사하는 자가 되라"(골로새서 3:15).

적용을 위한 성경공부

1. 이번주에 어떤 사건들이 당신으로 하여금 염려하며 평안을 잃게 했습니까? 각각의 경우에 대하여 그 진정한 원인을 알아보십시오. 예를 들면, 하나님께서 모든 것을 주관하시며 다스리신다는 것을 당신이 진정으로 믿지 않았기 때문입니까? 또는, 하나님께서 당신에 대하여 관심을 가지고 계시지 않는다고 생각했기 때문입니까?

   _____
   _____
   _____
   _____

2. 요한복음 14:27을 자신의 말로 쓰십시오. 우리가 평안을 잃고 마음에 근심하고 두려워하게 되는 것은 어떤 경우입니까? 이것을 피하기 위하여 우리가 할 수 있는 것은 무엇입니까?

   _____
   _____
   _____
   _____
   _____

3. 빌립보서 4:6-7, 골로새서 3:15, 베드로전서 5:7을 주의 깊게 읽고, 이 중 하나를 암송하고, 다음에 답하십시오.

   가. 내가 이 구절에 순종하지 않고 있거나 실행하지 않고 있는 영역은 무엇인가? (당신의 삶에서 그러한 영역을 적어 보십시오.)

   _____
   _____
   _____
   _____
   _____

   나. 당신이 그 구절에 순종하지 못한 예를 구체적으로 한 가지 드십시오.

   _____
   _____
   _____
   _____
   _____

   다. 이번주에 이 구절에 순종하기 위해 당신이 해야 할 것들을 적어 보십시오. 실제적이고 실천 가능한 것들이어야 합니다. 이 구절을 기도 노트에 적어 두십시오. 그리고 그것을 위하여 매일 기도하십시오. 또 당신이 그것을 볼 때마다 복습하며 묵상할 수 있도록 눈에 잘 띄는 곳에 써서 붙이십시오. 그것을 실천할 기회를 찾으십시오.

_____
_____
_____
_____
_____
_____

10
고난 중 하나님의 뜻

구름 한 점 없는 날이었습니다. 작렬하는 사막의 태양이 경사진 바위들과 모래에 반사되어 가물거렸습니다. 길 양옆에는 크고 작은 선인장들이 늘어서 있었습니다. 하늘을 향하여 거대한 팔을 들어올린 채 서 있는 큰 선인장으로부터 땅딸막하고 둥글고 가시투성이에 땅바닥에 달라붙은, 혹처럼 생긴 것에 이르기까지 가지각색이었습니다.

남편과 나는 여러 마일을 달리는 동안 말이 없었습니다. 4월의 어느 날 피닉스에서 집으로 차를 몰고 가면서 각각 생각에 빠져 있었습니다. 우리가 어느 작은 읍에 들어섰을 때 표지판 하나가 눈에 들어왔는데, 나는 그 표지판을 보고 웃음을 터뜨렸습니다. 그 웃음소리가 침묵을 깨뜨렸습니다. 표지판은 다음과 같았습니다:

뉴멕시코, 아즈텍
5,667명의 친절한 사람들과 6명의 성마른 사람들.

누군지는 몰라도 상당히 유머 감각이 있는 사람이었습니다.

이런 생각이 들었습니다: "그 여섯 명의 성마른 사람들은 자기가 그런 사람이라는 것을 알고 있을까? 또 5,667명의 친절한 사람들도 자기가 성마른 사람에 속할지도 모른다고 생각할 때가 있겠지."

나도 역시 때로는 그 여섯 명에 속하는 때가 있습니다.

잠잠하라 고요하라라는 책에서 나는 우리로 하여금 침착성을 잃게 하는 것들에 대하여 썼습니다 - 압력, 고통, 사람 등등. 최근 나는 그러한 압력, 시련, 고난들을 이해하고 받아들이는 데 있어서 제일차적인 요소는 인생의 목적에 대한 우리의 시야라는 것을 깨닫고 있습니다.

"하나님께서는 우리를 행복하게 만들기 위해 행복한 영을 우리에게 주신 것이 아니라, 우리를 거룩하게 만들기 위하여 거룩한 영을 우리에게 주셨다"고 말하는 것을 들은 적이 있습니다. 인생의 목적은 나에게 기쁨을 가져다 주는 것이라고 믿도록 강요를 당할 때마다 나는 심히 고통스럽습니다. 하나님께서는 나를 기쁘게 하기를 원하시는 것은 분명합니다. 하나님께서는 나의 삶에 자기의 모든 부와 보물과 좋은 것들을 쏟아부어 주시기를 원하십니다. 그리고 그것이 바로 하나님께서 하시는 일입니다. 하나님의 모든 "좋은 것들"이 무엇입니까? 내가 만일 이 "좋은 것들"을 많은 돈, 많은 사랑, 다른 사람들로부터의 무조건인 용납, 삶에서 누리는 셀 수 없는 행복 등으로 생각한다면, 나는 잘못 생각하고 있는 것이 틀림없습니다.

왜냐하면 바울이 아주 분명하게 말하고 있기 때문입니다: "이로써 우리도 듣던 날부터 너희를 위하여 기도하기를 그치지 아니하고 구하노니, 너희로 하여금 모든 신령한 지혜와 총명에 하나님의 뜻을 아는 것으로 채우게 하시고, 주께 합당히 행하여 범사에 기쁘시게 하고, 모든 선한 일에 열매를 맺게 하시며, 하나님을 아는 것에 자라게 하시고"(골로새서 1:9-10).

우리는 하나님의 자녀로서, 하나님의 뜻을 아는 지식으로 충만해야 합니다. 그러면 어떻게? "모든 신령한 지혜와 총명"으로. 왜? 주님께 합당한 삶을 살도록 하기 위하여.

우리는 하나님께서 우리에게 원하시는 바가 무엇인지를 잘 알고 있어야 합니다.

오늘날의 세대는 부정적 사고로 가득 차 있습니다. 부정적인 사고 방식이 이 세대를 사로잡고 있습니다. 세상(로마서 12:2, 요한일서 2:15)은 참된 지혜와 총명을 가지고 있지 않습니다. 세상의 철학은 영원한 목적이나 소망을 가지고 있지 않습니다. 배우요 감독이었던 앨런 앨다는 졸업을 앞둔 딸아이의 반 학생들에게 한 강연에서 이러한 허무감을 피력했습니다:

> 이제 이야기를 끝마쳐야 할 시간이 된 것 같습니다. 그러나 저는 아직도 말씀 드리지 않은 것이 있습니다. 조금 더 깊이 말씀드리자면, 인생은 불합리하며 무의미하다는 것입니다. 여러분이 인생에 의미를 부여하지 않는다면, 여러분이 인생을 중요한 것으로 만들지 않는다면 말입니다. 우리에게는 우리 자신의 존재를 창조할 책임이 있는 것입니다.
>
> 우리가 아무리 사랑하고 사랑받고 있다 할지라도, 우리는 대부분 내면 깊숙한 곳에서 자기가 혼자라는

사실을 깨닫게 됩니다. 괴물처럼 모든 사람을 엄습하는 저 차가운 고독과 여러분이 싸울 순간이 올 때, 여러분이 그 괴물을 회피하지 말고 맞부닥치기를 원합니다. 그 고독이라는 괴물의 정체가 무엇이며, 그것을 어떻게 이길 수 있는지 알아내기 바랍니다.

25년 전 저의 대학 시절에 실존주의 철학이 매우 인기였습니다. 우리는 모두 무(無)에 대하여 이야기하면서도, 세상에서 엄청난 수고와 노력을 기울였습니다. 오늘날에는 아무도 무에 대하여 이야기하지 않지만, 세상 그 자체는 무로 가득 차 있습니다.

이러한 허무감이 여러분을 덮칠 때를 대비하여 여러분은 언제나 준비하고 있기 바랍니다. 여러분이 열심히 살면, 허무감이 여러분을 붙잡는 것은 어려울 것입니다. 여러분이 세상으로 나가 이곳에서 배운 기술들을 사용하여 이 세상을 더 낫게 만들 수 있게 되기를 바랍니다.

(그는 그 다음 맑은 공기, 물에 대하여 이야기하고, 마지막으로 범죄, 고난 등에 대하여 말했습니다. 그리고 나서 다음과 같은 말로 강연을 마쳤습니다.)

여러분의 남은 인생을 바쁘게 살기 바랍니다. 그렇다고 이것이 허무감을 완전히 덜어 줄 것이라고는 약속할 수 없지만, 그럭저럭 살아갈 수 있을 정도로는 허무감을 덜어 줄 수도 있을 것이며, 이로 인해 적어도 잠시 동안 여러분은 모든 일들이 대체로 잘 되어 가고 있는 것 같은 생각에 **빠**지게 될 것입니다.

이 글을 읽고 나는 슬픔을 금할 수가 없었습니다. 그처럼 훌륭한 재능과 지성을 가진 그가 딸아이와 졸업반 학생들에게 줄 수 있었던 소망이 이것뿐이었는가? 소망이 넘쳐 있는 바울의 말과는 얼마나 대조적입니까?—"이로써 우리도 듣던 날부터 너희를 위하여 기도하기를 그치지 아니하고 구하노니, 너희로 하여금 모든 신령한 지혜와 총명에 하나님의 뜻을 아는 것으로 채우게 하시고."

생각해 보십시오! 하나님께서는 우리가 하나님의 뜻을 알 수 있도록 우리에게 영적인 지혜와 총명을 주십니다. 그리고 하나님의 뜻을 아는 지식으로 충만해질 때 우리는 주님께 합당한 삶을 살 수 있습니다.

하나님께서는 우리가 거룩하며, 기뻐하며, 항상 기도하며, 선을 행하며, 하나님의 말씀에 순종하며, 성령으로 충만하기를 원하십니다. 그러나, 우리가 생각하기 싫어하는 한 가지 요소가 있습니다. 우리 각 사람을 향한 하나님의 뜻에는 고난이 포함되어 있다는 것입니다.

당신은 그 까닭을 물을 것입니다. 오늘날 많은 책들이 건강, 부, 행복을 모든 그리스도인이 당연히 누려야 할 유산이라고 주장합니다. 나는 이러한 생각이 인간의 꿈이지 하나님의 계획은 아니라고 확신합니다. 하나님께서 주시는 축복은 원하면서도, 하나님께서 우리에게 주신 책임은 다하지 않는 사람들이 있습니다.

이생의 최고 목적은 하나님을 알고, 그의 아들의 형상으로 변화되는 것입니다. 하나님께서는 주로 시련과 시험들을 통하여 자신의 목적을 성취하신다는 깊고도 중요한 진리를 깨달을 때, 우리는 시험을 만났을 때 온전히 기쁘게 여길 수 있습니다. 그것을 친한 벗으로 환영할 수 있는 것입니다.

한 뚱뚱한 부인이 있었습니다. 그녀는 날씬한 몸매를 갖고 싶어 운동과 다이어트 강습에 나갔습니다. 강사가 그녀에게 맨 먼저 시킨 일이 큰 거울에다 자신이 원하는 몸매를 그리는 것이었습니다. 그녀는 거울에 자기가 원하는 모양을 그렸고, 거울 앞에 설 때마다 그 모습과 자기를 비교했습니다. 강사는 그녀에게 "우리의 목표는 부인이 이 모양과 같이 변하는 것입니다" 하고 말했습니다.

여러 주 동안 그 부인은 다이어트를 하고 운동을 했습니다. 매주마다 그녀는 거울 앞에 서서 자신의 몸매를 비교해 보았는데, 몸이 줄기는 했지만 아직도 멀었습니다. 그래서 그녀는 더 열심히 운동을 했고 더 엄격히 다이어트를 했습니다. 마침내 어느 날 그녀가 거울 앞에 섰을 때 그녀의 몸은 거울에 있는 모양으로 변화되어 있었습니다.

하나님의 아들의 형상으로 변화되는 데는 시간과 노력이 요구됩니다. 슬픔과 고난을 통한 단련과 고통과 시련을 통한 운동을 통하여 우리는 주님의 모습으로 변화되는 것입니다.

한 조각가가 돌로 훌륭한 사자 한 마리를 조각했습니다. 어떻게 해서 이런 멋진 걸작품을 완성했느냐고 묻자, 이렇게 대답했다고 합니다: "그건 쉽습니다. 내가 한 일은 다만 사자처럼 보이지 않는 부분을 모두 쪼아 내 버린 것입니다."

하나님께서 하시는 것도 다만 우리 삶 가운데서 그리스도를 닮지 않은 모든 부분을 쪼아 내 버리는 것입니다.

베드로는 이렇게 말합니다: "그러므로 하나님의 뜻대로 고난을 받는 자들은 또한 선을 행하는 가운데 그 영혼을 미쁘신 조물주께 부탁할지어다"(베드로전서 4:19).

거의 매일 우리는 감정적 고난을 경험합니다. 친구가 흐느끼며 자기의 사정을 이야기할 때, 또는 사랑하는 사람이 곤경에 처해 있을 때, 우리는 그의 입장이 되어 감정적으로 함께 아파합니다. 우리가 성숙하며, 사랑하는 사람이 더 많아지며, 더 나이가 들수록 이러한 종류의 고난은 더 증가하리라고 생각됩니다. 엘리자베스 루니는 이렇게 말합니다:

> 나는 십자가에 대하여 더 많이 배우기 시작하고 있습니다. 나는 항상 십자가의 길을 걷는다는 것이 고난을 받는 것을 의미한다고 생각했는데, 이것은 틀린 것 같았습니다. 나는 이제 십자가의 길을 걷는다는 것이 사랑하는 것을 배우는 것을 의미하며, 내가 더 많은 사람들을 사랑하고 그들을 더욱 깊이 사랑할수록 고난을 받을 기회가 더 많아진다는 사실을 깨닫기 시작하고 있습니다. 그들을 더 사랑할수록 나는 그들과 삶을 함께 나누게 되며, 그들의 짐을 나누어 지고, 그들의 근심 걱정을 돌아보게 되는 것입니다. 이와 더불어 그들을 위한 중보기도도 더 많이 하게 될 것이며, 사람들을 위하여 기도할수록 그들을 더욱더 사랑하게 될 것입니다.

그러나, 우리가 자신의 일상사들에 빠져 있을 때, 종종 우리의 감정들은 우리에게 크고 작은 경련을 일으킵니다.

많은 이들이 고독과 분리(이별)로 말미암아 감정적으로 고통을 당합니다. 보고서에 따르면, 미국인은 4명당 1명 꼴로 고독으로 말미암아 고통을 당하고 있다고 합니다. 모든 기혼자의 약 13%가 말하기를, 그들은 고독하며, 사랑 가운데 있지 않다고 합니다.

사랑하는 사람들과의 분리(이별) 또한 깊은 감정적 고통을 일으킵니다. 공간적으로 서로 떨어져 있는 경우도 있고, 거부로 인하여 서로 떨어지게 되는 경우도 있고, 죽음에 의해 서로 떨어지게 되는 경우도 있습니다.

1979년 크리스마스에 나는 다음과 같이 썼습니다:

> 아버지 하나님, 아버지의 품을 떠나 이땅으로 가는 아들을 향해 잘 가라고 손을 흔들며 서 계실 때 아버지의 마음속에는 큰 아픔이 있었을 것입니다. 아버지께서는 아들을 아버지 품에 다시 맞이하기 전에 그에게 어떤 일이 있어야 할 것을 알고 계셨습니다. 아버지께서는 그가 당할 고난, 고뇌, 고통을 알고 계셨습니다.
>
> 몇 달 전, 남편을 여의고 혼자 사는 부인이, 혼자서 인도네시아로 떠나는 외동딸을 전송하기 위해 비행기로 샌프란시스코까지 간 적이 있었습니다. 앞으로 4년 동안 서로 떨어져 있어야 하는데, 떠나고 떠나 보내는 두 사람의 마음속에 얼마나 큰 아픔이 있었을까요?
>
> 이제, 3일 후면 사랑하는 딸 내외와 손자 에릭이 비행기를 타고 우리 곁을 떠나야 합니다. 그들은 참으로 사랑스런 가족입니다. 남편과 저는 어깨를 서로 기대

고 서서 잘 가라고 말할 것입니다.

하지만…

그들을 떠나 보내지 않고 붙잡아 두고 싶은 마음이 간절합니다. 뒤돌아서는 발걸음이 도저히 떨어지지 않습니다. 제 마음속에는 크나큰 아픔과 눈물이 샘솟습니다. 제 가슴을 꼭 감싸던 어린 에릭의 모습이 눈에 선합니다. 그 모습을 결코 잊지 못할 것입니다. 린과 팀은 제 마음속에서 아주 귀한 사람들입니다. 그들을 인하여 한없는 감사와 찬양을 아버지께 드립니다. 그들은 아버지를 섬기기를 원합니다.…그들은 기꺼이 친구들과 가족과 집을 떠나 아버지를 섬기기를 원하고 있습니다.

그러나, 또 한편으로는, 저는 그들과 떨어짐으로 인하여 울고 있습니다. 서로 헤어져 있기가 싫습니다.

사랑하는 아버지 하나님, 이제야 아버지의 심정을 이해할 것 같습니다. 사랑하는 외아들을 이땅에 떠나 보내실 때의 아버지의 심정이 오죽하셨을까요?

저보다 훨씬 더, 제가 상상도 못할 정도로 훨씬 더 아버지의 마음에 고통이 있었을 것입니다.

사랑하는 사람들과의 이별은 감정적 고통을 일으킵니다. 그중에서도 거절 또는 거부에 의한 이별은 우리를 더욱 고통스럽게 합니다. 예를 들면, 자녀가 부모에게 등을 돌리고 집을 나가 버렸다든지, 친한 친구에게 배반을 당했다든지, 이혼을 당했다든지 하는 경우입니다.

우리를 서로 갈라놓는 또 하나의 이별은 죽음입니다. 죽음 또한 우리에게 큰 감정적 고통을 안겨 줍니다. 우리는 사랑하는 이들의 죽음에 대하여 왜라고 묻지만, 대답은 들려 오지 않습니다. 가슴을 에는 듯한 고통이 있습니다.

지나간 일이 생각납니다…

* * *

눈물로 얼룩진 그녀의 얼굴이 그녀의 고통스러운 마음을 비춰 주고 있었습니다.

2주 전 너무도 어처구니없는 사고로 그녀는 아들을 잃었습니다. 세상 사람들이 모두 의미 없는 비극적인 사고로 여길 그런 사고였습니다. 그녀의 아들은 십대였는데, 차를 몰고 가다가 빙판에서 미끄러져 쾅 하고 벽을 들이받았고, 그 바람에 그는 차 밖으로 내던져졌습니다. 그 도로에는 다른 차들도 다니고 있었는데, 뒤에 오던 트럭이 그를 질질 끌고 반 마일쯤 가다가 어느 눈 덮인 벌판에서 그를 놓아주었습니다. 비극이라고요? 그렇습니다. 의미 없는 죽음이라고요? 아닙니다.

그로부터 2주 후, 아들의 친구들 중 여러 명이 그리스도를 영접하였습니다. 측량할 수 없는 은혜가 부모와 가족들의 마음을 사로잡았고, 그들의 마음과 입술에서는 찬양과 감사가 흘러나왔습니다. 은혜스럽게도 왜라고 하는 많은 의문들이 해결되었습니다.

물론, 눈물과 슬픔과 고통과 애통이 있었습니다. 그러나, 그들은 그들 편에는 고통이 있으나, 아들 편에는 기쁨이 있다는 것을 알았습니다.

우리를 대하는 그녀의 얼굴에는 아직도 슬픔이 깃들어 있었고, 목소리는 떨렸습니다.

그녀는 말했습니다: "그 아이는 너무 어렸어요. 저의 가장 크고도 유일한 걱정은 그 아이가 어떤 트로피들을 가지고 주님 앞에 나아갔을까 하는 것입니다. 아니면 그 아이는 천국에 빈손으로 갔을까요?"

정말로 쉽게 대답할 수 없는 깊은 질문입니다. 대답은 무엇일까요?

나는 에이미 카마이클의 전기를 읽고 있었습니다. 그녀는 여러 번이나 그리스도 안에서 죽은 어린이들에 대하여 이야기했습니다. 아이들은 죽어 가면서 그들의 손을 예수님께로 내밀었고, 예수님께서는 그들을 기쁨으로 천국에 맞아들이셨다고 했습니다. 그 아이들은 "빈손으로" 갔을까요?

짐 엘리어트는, "하나님께서는 천국을 나이든 사람들로만 채우시지는 않는다"고 말한 적이 있습니다. 그는 사역이 한창 활기를 띠고 있을 때 에콰도르에서 29세로 순교했습니다. 그는 70세까지 살았을 때보다 "트로피"를 더 적게 가지고 천국에 갔을까요? 공의로우시고 자비로우신 하나님 아버지께서 공평하게 하실 것입니다.

두 가지 가능성이 떠오릅니다:

(1) 우리에게는 각기 할당된 시간이 있으며, 거기에 따라 과제가 주어졌다. 그러므로, 우리가 천국에서 어떤 트로피를 받을지는 얼마나 오래 살았느냐에 달려 있는 것이 아니라, 우리

에게 주어진 시간을 가지고 무엇을 하였는가에 달려 있는 것이다.

(2) 하나님께서는 모든 것을 아신다. 그러므로, 하나님께서는 짐 엘리어트에게 다시 40년이 더 주어진다면, 그가 그 시간으로 무엇을 할 것인지를 아신다. 따라서, 하나님께서는 그에게 40년 동안에 얻을 트로피들도 주셔서, 그 트로피들을 주님의 발 앞에 드리는 귀한 특권을 주실 것이다.

하나님께서는 어린 나이에 천국에 간 사람들에게도, 그들이 만일 늙기까지 주님을 섬기며 살았다면 얻었을 상급과 면류관들을 주실 것이라고 생각됩니다.

이거다 저거다 하고 분명하게 말하고 있는 성경 말씀은 없습니다. 하나님께만 속한 오묘한 일이 있습니다(신명기 29:29). 그러나 우리가 알 수 있는 것은, 하늘에 있는 모든 별들에게 이름을 지어 주신 하나님께서는 모든 것을 잘 하신다는 것입니다.

우리는 다윗의 시야를 가져야만 합니다. 그는 이렇게 말했습니다: "나는 의로운 중에 주의 얼굴을 보리니, 깰 때에 주의 형상으로 만족하리이다"(시편 17:15). 다윗은 부활의 기쁨을 노래하고 있습니다.

우리에게 있어서 죽음이란 천국에서 깨어 우리 주님을 얼굴과 얼굴을 마주 대하여 보는 것을 의미합니다. 죽음이 끝이 아니라 시작이라는 것을 알 때 얼마나 위로가 되는지 모릅니다. 우리는 산 자들의 땅에 있다가 죽은 자들의 땅으로 가는 것이 아니라, 죽은 자들의 땅에 있다가 산 자들의 땅으로 가는 것입니다.

위대한 화학자 마이클 패러데이 경의 임종시에, 한 기자가 영혼과 죽음에 대한 그의 생각을 물었습니다. 패러데이 경은 정색을 하며 말했습니다: "천국은 머리에서 짜낸 생각이 아닐세. 그것은 확실한 사실일세."

* * *

보통의 시련과 "믿음의 시련"(베드로전서 1:6-7) 간의 차이를 깊이 생각해 본 적이 있습니까? 믿음의 시련은 어느 순간 하나님의 약속들이 이루어지고 있는 것을 보지 못할 때 옵니다. 물론 하나님의 약속들은 언제나 이루어지고 있습니다. 그러나, 때로는 우리가 하나님의 약속들을 믿고 어떤 일을 하지만, 하나님께서 우리와 함께하시는 것을 경험하지 못하고 하나님의 약속들이 이루어지고 있지 않는 것처럼 보일 때가 있습니다. 그럴 때 우리의 영혼은 고통을 당합니다.

몇 년 전 우리의 삶 속의 거의 모든 것들이 잘 안 되고 있었던 때를 기억합니다. 우리는 경제적으로 아주 쪼들렸고, 가까운 친구들도 우리에 대하여 비판적이었습니다. (이것은 대충 말해서 그런 것이고, 사실은 아주 괴로운 순간들이었습니다.) 우리는 우리의 사역이 완전히 실패라고 생각했습니다. 우리는 하나님께로부터 받은 분명한 약속들을 믿고 그 사역을 시작했었습니다. 그러나, 하나님의 약속들은 성취되고 있지 않았습니다. 그것은 나에게는 "믿음의 시련"이었습니다.

매일 아침 나는 하나님께 부르짖었습니다: "주님, 주님 없이는 저는 오늘 하루를 살아갈 수 없나이다. 도우소서!" 그러면 하나님의 임재가 나의 마음을 가득 채웠고, 나는 그날 하루를 살아갈 수 있었습니다. 가까스로. 믿음의 시련기 동안 나는 결코 하나님께서 살아 계시며 나와 함께 계신다는 사실을 의심해 본 적이 없었습니다. 그러나, 하나님께서 우리를 버리신 것은 아닌지, 우리가 한 어떤 일이 하나님께서 우리를 포기하시도록 만들지는 않았는지 하는 생각이 들었습니다. 우리는 아무 기도 응답도 받지 못하고 있었고, 하나님의 약속이 우리에게 성취되는 것을 보지 못하고 있었습니다.

그때 한 그리스도인 지도자가 우리와 이야기하던 중 시련에 대하여 말했습니다. 그는 우리가 겪고 있는 시련에 대하여 아무것도 몰랐습니다. 그는 이렇게 말했습니다: "나는 시련이 끝나 갈 때 뒤돌아보면서, '나는 한 번도 하나님을 의심한 적이 없었다'라고 말할 수 있기를 원합니다."

나는 속이 편치 못했습니다. 나는 그에게 이렇게 말해 주고 싶었습니다: "예, 저도 역시 그렇게 말할 수 있었으면 합니다. 하지만 저는 지금 의심하고 있습니다. 매일 저는 가까스로 견디어 내고 있습니다. 하나님께서 우리를 포기하셨을지도 모른다는 생각을 하면 저는 두렵습니다."

하나님께서는 그 기간을 통하여 몇 가지 귀한 교훈을 가르쳐 주셨습니다. 내가 다른 어떤 방법으로도 배울 수 없는 그런 교훈이었습니다. 나는 내 자신이 사역 중심적이고 사람을 기쁘게 하는 사람이라는 것을 깨달았습니다. 하나님께서는 내가 하나님 중심적이요, 하나님을 기쁘게 하는 사람이 되기를 원하셨습니다. 어느 사이엔가 내 마음의 중심을 하나님이 아니라 사역이 차지하고 있었던 것입니다. 하나님께서는 나를 기도의 장소로 데리고 가셨습니다. 나는 이렇게 기도했습니다: "주님, 제가 앞으로 다시는 사역을 하지 않기를 원하신다 해도 좋습니다. 주님께서 제일 먼저 원하시는 것이 저라는 것을 알고 있습니다. 제가 주님의 형상으로 변화되는 것을 주님께서는 가장 원하십니다. 제가 다시는 어떤 사역도 하지 않는 것이 주님의 이런 목적을 성취하는 가장 좋은 길이라면 저는 기꺼이 사역을 포기하겠습니다."

그리고 나서 어느 날 우리는 그 무서운 시련기의 고비를 넘겼습니다. 하나님께서는 아주 빨리 자신의 약속들을 성취하기 시작하셨고, 우리는 그것들을 다 기록할 수 없을 정도였습니다. 하나님께서는 마치 다음과 같이 말씀하고 계시는 듯하였습니다: "캐롤, 나는 너를 사랑한다. 나는 신실한 하나님이다. 너의 의심과 두려움들이 결코 나로 하여금 나의 성품을 부인하게 만들지는 못한다. 네가 의심할 때도 나는 너에게 신실할 것이다. 네가 나에 대한 사랑이 없을 때에도 나는 너를 사랑할 것이다. 네가 나를 의심할 때도 나는 너에게 진실할 것이다."

나는 이전 어느 때보다도 하나님 아버지를 사랑하게 되었습니다. 내가 사랑받을 만한 가치가 없을 때에도 하나님께서는 나를 사랑하십니다. 내가 혼돈되어 있고 의심하고 있을 때에도 하나님께서는 나를 사랑하십니다. 하나님께서는 진실로 나를 사랑하고 계십니다.

적용을 위한 성경공부

1. 골로새서 1:9-11을 소리 내어 읽으십시오. 거기에 당신의

이름을 넣어 읽으십시오. 다음 일주일 동안 이것을 가지고 매일 자신을 위하여 기도하십시오.

2. 다음 구절들을 찾아, 당신과 세상을 향한 하나님의 뜻이 무엇이며, 또 당신이 어떻게 그 뜻을 따를 수 있을 것인지 적으십시오.

가. 에베소서 1:5-10 _____
_____
_____

나. 데살로니가전서 4:3 _____
_____
_____

다. 데살로니가전서 5:16-18 _____
_____
_____

라. 베드로전서 2:15 _____
_____
_____

마. 베드로전서 3:17 _____
_____
_____

3. 당신은 왜 고난이 우리를 향한 하나님의 뜻의 일부라고 생각합니까? 베드로전서 1:7과 야고보서 1:3-4을 보십시오.

4. 베드로전서 4:19을 자신의 말로 쓰십시오.

5. 당신이 지금 경험하고 있는 고난은 무엇입니까? 당신은 그것을 통하여 무엇을 배우고 있습니까?

6. 이번 주간에, 고난 중에 있는 한 경건한 친구에게, 그 시련을 통하여 하나님으로부터 무엇을 배우고 있는지 물어 보십시오.

11
하나님의 뜻을 아는 지식으로 충만함

밀라노 성당의 삼중으로 된 출입구 위 찬란한 아치에 세 개의 글귀가 적혀 있습니다. 한 아치에는 아름다운 장미 화환 하나가 새겨져 있고 그 밑에 이런 글귀가 있습니다: "기쁨을 주는 것은 모두 단지 한 순간일 뿐이다." 다른 아치에는 십자가 하나가 조각되어 있고 이런 말이 적혀 있습니다: "우리를 고통스럽게 하는 모든 것은 단지 한 순간일 뿐이다." 그리고, 주 통로로 들어가는 중앙 입구의 큰 아치에는 이런 글귀가 새겨져 있습니다: "중요한 것은 오직 영원한 것뿐이다."

우리가 하나님의 뜻을 아는 지식으로 충만해 있을 때, 다시 말해 하나님께서 우리에게 원하고 계시는 것에 실제로 참여할 때, 우리는 영구하고 영원한 것을 위하여 살고 있는 것입니다.

나의 친구 지니는 고난을 당하고 있었습니다. 하나밖에 없는 그녀의 동생이 이란에서 선교 사역 도중 동맥류로 39세로 죽었습니다. 그녀의 아버지는 정신적으로 육체적으로 급속히 쇠약해지고 있었는데, 바다 건너 떨어져 있었기 때문에 그녀는 아버지를 도울 수가 없었습니다. 어머니 역시 매일 아버지를 보살피느라 지쳐 있었습니다. 그 밖에도 그녀가 관심을 쏟아야 할 일들이 많이 있었고, 그런 것들이 그녀의 삶을 쪼아먹으며 깊은 상처를 내고 있었습니다. 그리고 이제는 설상가상으로 자신마저도 당뇨병을 가지고 있는 것을 발견하였습니다.

나는 지니를 가까이서 자세히 지켜보았습니다. 매일의 고통이 그녀를 더욱더 예수님을 닮게 만들고 있습니다.

지니가 자기에게 닥친 모든 고난 가운데서 자기를 향한 하나님의 뜻을 온전히 깨닫고 있다고는 생각되지 않습니다. 맹공격을 받고 있는 가운데서는 하나님께서 왜 그런 고난을 자기에게 허락하시는지 깨닫기가 대단히 어렵기 마련입니다. 나는 그가 겪고 있는 고통을 보면서 하나님께서 내게 가르쳐 주신 교훈들을 편지로 나누고 싶었습니다. 그 편지를 그녀에게 보내지는 않을 것입니다. 고통이 우리의 잔을 가득 채우고 있을 때는 그런 말들이 의미 없는 말들처럼 보이기 때문입니다. 그러나, 어느 날엔가는 우리는 하나님께서 우리 둘에게 가르쳐 주신 교훈들을 함께 나눌 것입니다. 나는 마음속으로 이렇게 편지를 썼습니다:

사랑하는 친구에게
어제 너를 만났을 때 너는 웃으며 인사를 했지만, 나는 네 웃음 속에 깃들어 있는 고통을 느꼈어. 네가 겪고 있는 고통을 보면서 나 역시 너와 함께 아픔을 느끼고 있어.

네가 지금 겪고 있는 고난을 현재로는 이해하고 받아들이기가 쉽지 않을 거야. 그러나 우리의 고난은 우리를 완전케 하고, 우리를 하나님께서 원하시는 사람으로 만들기 위해서 꼭 필요하다고 믿어. 나는 그런 일이 네 안에서 일어나고 있는 것을 보고 있어.

세상의 철학자들까지도 고난의 목적은 알지 못하나 그 가치는 알고 있어. 한 작가는 이렇게 말했지. "하나님의 가장 훌륭한 피조물인 사람에게 있어서, 어떤 사람들에게는 인생이 왜 그다지도 고통스러운 것이어야 하는지 아무도 모른다. 모든 것에는 가격이 있으며, 따라서 우리가 어떤 것을 얻기 위해서는 귀한 것을 희생해야만 한다는 것은 사실인 것 같다. 시인과 철학자들은 말하기를 역경, 슬픔 그리고 고통은 우리의 삶에 또 다른 차원을 더해 준다고 한다. 고난을 당하고 있는 이들은 모든 점에서 인생을 깊이 체험한다. 다른 사람들은 자기의 인생의 잔을 위에 있는 거품만 홀짝홀짝 마시는 반면, 그들은 그 잔을 한 방울도 남기지 않고 마신다. 절망의 심연을 경험해 보지 못한 사람은 아무도 인생의 참 의미를 알 수 없을 것이다."

"그들은 그 잔을 한 방울도 남기지 않고 마신다." 재미있는 말이지 않니? 고통과 시련의 잔을 완전히 마시는 것 말이야. 시인 엘리자베스 루니는 슬픔에 대하여 이렇게 말했어. "삶을 온전히 경험한다는 것은 아주 중요하다. 주님, 슬픔이 오늘을 위한 저의 과제인 이상 제가 전심으로 슬퍼하도록 도우사, 저로 하여금 슬픔의 실체를 온전히 이해하며 그 너머로 나아가게 하소서."

전적으로 살아 있기 위해서는 우리의 삶 속에 고난의 "검은 실"이 필요한 것이 틀림없어. 내가 자주 읽은 시가 하나 있는데, 이러한 진리에 대하여 말해 주고 있어.

나의 인생은 하나의 베짜기.
주님과 나 사이를 북이 오간다.
나는 베의 색깔과 무늬를 선택할 수 없다.
그것은 주님의 손에 달렸다.

때로는 주님께서 슬픔의 검은 실을 베에 넣으신다.
하지만, 나는 어리석고 교만하여
실만 보며 실망하고 주님을 향하여 왜냐고 묻는다.
주님께서는 베 위에 나타나는 무늬를 보신다.

베틀이 조용할 때,
북이 날기를 그칠 때에야 비로소,
하나님께서는 그 동안 짜신 베를 펼치시고,
검은 실을 넣으신 이유를 말씀해 주시리라.

검은 실들은 필요하다,
나의 인생의 베를 짜시는 주님의 손에.
주님께서 계획하신 무늬를 만드시는 데
금실과 은실만큼이나.

지니, 검은 실들은 주님의 발자취를 좇아 너의 삶을 아름답게 수놓았어.

너로 하여금 견딜 수 있게 하는 것은 바로 하나님의 힘이야. 코리텐 붐은 이렇게 쓰고 있어.

제가 주님의 발 아래 저의 짐을 내려놓을 때,
거기서 주님의 힘과 저의 약함이 만납니다.
저를 꺾는 것처럼 보이는 것들이 결국에는
제가 딛고 올라간 사다리였다는 것을 알게 될
것입니다!
감사합니다, 주님.

하나님께서 다루시기에 너무 큰 것은 없어. 정말 아무것도 없어. "내 은혜가 네게 족하도다"(고린도후서 12:9) 하고 하나님께서는 말씀하셨어. 내게 이렇게 말한 친구들이 있어. "캐롤, 너는 이해 못해. 이혼을 경험해 보지 않았으니까… 남편 또는 자녀의 죽음을 겪어 보지 않았으니까… 가족으로부터 완전히 거절당해 보지 않았으니까…." 이 외에도 이유는 계속되고 있어. 그들의 말은 옳아. 그러나 하나님의 약속들은 영원하고 참되며, 나의 경험보다 더 크고 낫지. 우리의 약함 중에 힘을, 우리의 환난 중에 위로를, 우리의 상함 중에 긍휼을 약속하신 분이 바로 하나님이셔. 하나님의 약속들이 결코 폐하지 않는다는 것을 알기 위하여 나는 삶 속의 모든 환경을 개인적으로 경험할 필요는 없어.

내가 현재 겪고 있는 모든 것을 하나님께서 이해하시며, 또한 하나님께서 나와 함께 고통을 당하신다는 것을 알고 느끼는 것은 도움이 돼. 글래디즈 헌트는 이에 대하여 아주 잘 말하고 있어.

하나님께서는 슬픔을 알고 계십니다. 인자(人子)는 "간고를 많이 겪었으며 질고를 아는 자"(이사야 53:3)라 불리고 있습니다. 우리가 십자가에 대하여 조금이라도 이해하고 있다면, 하나님께서 고난을 이해하고 계신다는 것을 우리는 알고 있는 것입니다. 우리의 슬픔, 우리의 혼란, 우리의 의심, 우리의 분노가 하나님께는 아무 문제가 되지 않습니다. 우리는 이 모든 것을 하나님께 말씀 드릴 수 있고 - 흐느끼며든지 부르짖으며든지 - 하나님께서는 우리의 말을 들으실 것입니다. 우리는 다시 그분의 말씀을 들으며 그분을 보기 위하여 기다려야 할지도 모릅니다. 우리가 큰 소리로 부르짖고 있을 때는 그분의 말씀을 잘 들을 수가 없고, 우리가 눈물을 글썽이고 있을 때는 그분을 제대로 볼 수 없습니다. 그러나, 그분은 우리를 기다리실 것입니다. 언제나 하나님께서는 기진맥진하며 고통 가운데 있는 우리를 돌보십니다.

말기 암으로 입원해 있는 동안 딘 덴러가 한 말이

생각나. "내가 이땅에 잠시 머무는 동안에만, 나는 고통 가운데서도 하나님을 찬양하는 기쁨을 하나님께 드릴 수 있습니다."

* * *

지니에게 쓰고 있는 편지는 약간 길어지고 있었습니다. 나는 마음속으로 그녀를 꼭 껴안아 주었고, 기도로 그 편지를 그녀에게 띄워 보냈습니다. 그러나 하나님께서는 내게 있어서는 아직 끝마치지 않으셨습니다.

최근 한 친구로부터 편지를 받았는데, 편지를 읽고 마음이 참 착잡했습니다. 편지는 비극적인 소식으로 가득 차 있었습니다. 남편이 자기와 이혼한 바로 그 다음날 재혼을 했으며, 설상가상으로 딸도 이혼을 당하고 아들과 함께 자기에게 와 있다고 했습니다. 세 식구의 입에 풀칠을 하기 위하여 그녀는 다시 일을 해야 했고, 천한 일도 마다하지 않았습니다. 그녀는 자기가 당하고 있는 거부와 슬픔과 고통에 대하여 이야기했습니다. 그러나 그녀가 결론적으로 한 말은 금빛으로 빛나고 있었습니다: "나는 오직 영원을 위해서만 살 수 있어. 여기 이땅에 남은 것은 아무것도 없는 것 같아." 고난 중에 우리의 시선을 장차 우리가 살 곳인 하늘나라에 두는 것은 참으로 너무도 중요합니다.

해변을 걸을 때
천국을 생각하라!

손을 잡고 걸을 때
하나님의 손을 생각하라.
신선한 공기를 마실 때
천국의 공기를 생각하라.
마음에 힘이 솟을 때
영원한 생명을 생각하라.
폭풍우와 사나운 비바람을 거쳐
마침내 고요한 하늘의 항구에
다다른다는 것을 생각하라.
아침에 깨었을 때
영원한 본향을 생각하라.

영적 승리를 경험하기 위하여는 이러한 현재의 환경들이 누군가가 범한 잘못이 아니라, 우리를 위해 마련된 하나님의 특별한 계획의 일부라는 것을 깨달아야 합니다.

우리가 현재 경험하고 있는 것이 무엇이든지 간에 그것이 모두 하나님으로부터 나온 것이며, 우리에게 사랑으로 주어진 것이라는 것을 진정으로 알고 믿는다면… 진실로 우리의 눈이 영원에 가 있다면… 고난이 우리를 더욱더 그리스도를 닮아 가게 하고 있다고 확신한다면… 주님의 힘이 우리로 견딜 수 있게 할 것을 확신한다면 – 바로 이러한 태도들은 우리가 "하나님의 뜻대로 고난을 받을" 때 우리를 도울 것입니다. 그러나, 다른 무엇보다도 우리에게 격려를 주는 것은 하나님의 뜻을 행한 후에 있을 **결과**를 바라보는 것일 것입니다.

우리는 성경에서 이런 말씀을 듣습니다: "그러므로 너희 담대함을 버리지 말라. 이것이 큰 상을 얻느니라. 너희에게 인내가 필요함은 너희가 하나님의 뜻을 행한 후에 약속을 받기 위함이라"(히브리서 10:35-36).

하나님께서는 무엇을 약속하셨습니까? 하나님께서는 무엇을 약속하지 않으셨습니까? 하나님께서는 우리에게 영생, 지금 이 땅에서의 풍성한 삶, 결코 다하지 아니할 부요함, 평화, 기쁨…을 약속하셨습니다. 하나님께서는 "나는 …이다"라고 말씀하셨습니다. 빈칸에 채워 넣어 보십시오 – 사랑, 빛, 길, 진리, 공급자, 인도자, 창조주, 전능자 등등. 나는 하나님의 약속을 붙잡고 매달립니다.

영생 – 우리가 하나님의 약속을 믿고 예수님을 마음속에 영접할 때 영생은 우리의 유업이 될 것입니다. "내가 진실로 진실로 너희에게 이르노니, 내 말을 듣고 또 나 보내신 이를 믿는 자는 영생을 얻었고 심판에 이르지 아니하나니 사망에서 생명으로 옮겼느니라"(요한복음 5:24).

기도 응답 – 우리가 하나님의 뜻을 찾고 행할 때 우리의 기도가 응답될 것을 확신할 수 있습니다. "우리가 그의 앞에서 가지는 확신은 이것입니다. 곧 무엇이든지 우리가 그의 뜻을 따라 구하면 하나님께서는 우리의 간구를 들어주신다는 것입니다"(요한일서 5:14, 새번역). 우리가 하나님의 뜻을 따라 구하고 있다는 것을 어떻게 알 수 있습니까? 성경 말씀을 따라 기도하는 것이 한 가지 방법입니다. 그리고, 성령께서 하나님의 뜻을 따라 기도하고 계시며 이 성령이 우리 안에 거하신다는 것을 아는 것은 얼마나 큰 기쁨인지 모릅니다(로마서 8:27). 그러므로 우리가 성령의 세미한 음성에 늘 귀를 기울이고 있다면, 우리는 하나님의 뜻대로 기도하고 있으며, 또 하나님께서 들으시고 응답하실 것을 확신할 수 있습니다.

지혜와 분별력 – 이 두 가지는 내가 매우 갖고 싶어하는 것입니다. 하나님의 뜻에 순종할 때 우리는 무엇이 하나님으로부터 나온 것이며 무엇이 인간의 생각에서 나온 것인가를 알 수 있습니다. 예수님께서 친히 이렇게 말씀하셨습니다: "내 교훈은 내 것이 아니요, 나를 보내신 이의 것이니라. 사람이 하나님의 뜻을 행하려 하면, 이 교훈이 하나님께로서 왔는지 내가 스스로 말함인지 알리라. 스스로 말하는 자는 자기 영광만 구하되, 보내신 이의 영광을 구하는 자는 참되니 그 속에 불의가 없느니라"(요한복음 7:16-18).

성숙 – 성숙은 하나님의 뜻을 행한 후에 얻는 또 하나의 커다란 결과입니다. 바울은 골로새의 성도들에게 이렇게 말했습니다: "…에바브라가…항상 너희를 위하여 애써 기도하여 너희로 하나님의 모든 뜻 가운데서 완전하고 확신 있게 서기를 구하나니"(골로새서 4:12).

옳은 것을 행하는 데에 견고하게 설 때 우리는 삶의 모든 영역에서 성장하며 성숙할 것입니다. 인생의 강에서 강물의 흐름과 반대 방향으로 거슬러 헤엄을 칠 때 강한 근육이 만들어집니다. 그러나 거슬러 헤엄을 치는 것은 쉽지 않습니다. 매일매일 우리의 삶 속에는 유혹이 도처에 도사리고 있습니다. 그리스도 안에서 성숙했다는 것은 매일 거룩한 삶을 살며 주님께 합당한 삶을 사는 것을 뜻합니다(골로새서 1:9-12, 히브리서 10:10). 성숙한 성도로서, 우리는 날마다 우리 자신을 하나님께서 기뻐하시는 거룩한 산 제사로 드려야 합니다. 이렇게 할 때 우리의 마음은 날마다 새롭게 변화되어 하나님의 선하시고 기뻐하시고 온전하신 뜻이 무엇인지 알 수 있게 됩니다 (로마서 12:1-2, 에베소서 6:6).

나는 로마서 5:2-5을 읽다가 너무도 놀라 의자에서 벌떡 일어났습니다.

> 우리가 그리스도를 믿는 그 믿음을 보시고 그리스도께서는 지금 우리가 서 있는 이 가장 높은 특권을 가진 자리로 인도하여 주셨습니다. 그리고 우리는 하나님께서 우리를 위하여 행하실 모든 계획이 실제로 이루어져 나가는 것을 바라보며 확신과 기쁨을 가지고 기다리고 있는 것입니다.
>
> 우리는 여러 가지 문제와 곤경에 직면하였을 때도 기뻐할 수 있습니다. 왜냐하면 그것들이 우리에게 좋은 결과를 가져다 주기 때문입니다. 그것들은 우리를 도와 인내를 배우게 합니다. 그리고 인내는 우리 속에서 강한 인격을 길러 내고 하나님을 더욱더 신뢰하게 합니다. 이렇게 해서 결국 우리의 희망과 믿음은 강하고 흔들리지 않게 되는 것입니다. 그렇게 되면 어떤 일이 생기더라도 실망하지 않고 모든 일이 유익하다는 것을 알게 됩니다. 그것은 하나님께서 얼마나 극진히 우리를 사랑하고 계시는가를 알게 되기 때문입니다. 그리고 하나님께서 성령을 우리에게 주시고, 성령께서 하나님의 사랑을 우리 가슴속에 채워 주시기 때문에 우리는 이 따뜻한 사랑을 어디서나 우리 속에서

느끼고 있는 것입니다.(현대어성서)

이 말씀을 읽을 때 내 가슴은 뛰었습니다. 당신은 어떻습니까? 하나님께서 그의 뜻을 우리에게 가르쳐 달라고 간절히 기도합니까? 전심으로 하나님의 뜻을 행하기를 갈망하는 사람이 되게 해달라고 기도합니까? 다윗은 이렇게 기도했습니다: "나의 하나님이여, 내가 주의 뜻 행하기를 즐기오니, 주의 법이 나의 심중에 있나이다"(시편 40:8).

전심으로. 이것은 우리가 꼭 가지고 있어야 할 태도입니다. "눈가림만 하여 사람을 기쁘게 하는 자처럼 하지 말고, 그리스도의 종들처럼 마음으로 하나님의 뜻을 행하여, 단 마음으로 섬기기를 주께 하듯 하고 사람들에게 하듯 하지 말라"(에베소서 6:6-7).

오스왈드 챔버스는 다음과 같이 말했습니다: "내가 전심으로 하지 않고 뭔가 남겨 둔 것이 있다면 나는 하나님을 섬기는 일에 자격이 없습니다. 나는 주님의 손에 들린 빵과 포도주가 되어야 합니다."

"하나님께서는 항상 우리에게 찬성 투표를 하십니다. 마귀는 항상 우리에게 반대 투표를 합니다. 우리가 어떻게 표를 던지느냐가 그 투표에서 이기고 지고를 결정합니다." 코리텐 붐 여사의 지혜로운 관찰입니다.

고난은 그리스도인들을 향한 하나님의 뜻의 주요한 부분입니다. 우리가 하나님의 뜻을 아는 지식으로 충만할 때, 우리는 이 사실을 이해하며, 팔을 넓게 벌려 그것을 받아들일 것입니다. 우리는 시련을 온전히 기쁘게 여길 것입니다. 시련을 친구로서 환영하게 될 것입니다. 그렇게 할 때 우리는 영적으로 더욱 성장하게 되며, 의의 열매를 더욱 많이 맺게 되며, 우리의 마음이 계속 영원을 향할 수 있게 될 것입니다.

나의 친구 지니는 자기의 슬픔을 헛되이 흘러 보내지 않고 있습니다.

당신은 어떻습니까?

적용을 위한 성경공부

1. 히브리서 10:35-36을 천천히 읽고, 자신의 말로 다시 써보십시오. 당신에게 중요했던 하나님의 약속들을 성경에서 찾아 대여섯 개 적어 보십시오.

   _____
   _____
   _____
   _____
   _____
   _____
   _____
   _____

2. 하나님의 뜻을 아는 지식으로 충만해질 때 오는 결과들을 아는 대로 적어 보십시오. (이 장에서 나온 것들을 적어도

됩니다.) 그중에서 당신에게 가장 의미 있는 것을 두 가지 들고, 그 이유를 설명하십시오.

_____
_____
_____
_____

3. 로마서 12:1-2을 읽고, 이 구절이 당신의 삶과 어떻게 연관이 되는지에 대하여 5분 정도 기도하십시오.

4. 앞에서 로마서 5:2-5을 인용하였는데, 이 구절을 소리 내어 천천히 읽으십시오. 당신은 어떤 일이 생기더라도 실망하지 않고, "모든 일이 유익하다"는 것을 알 수 있습니까? 만일 알 수 없다면, 2-4절에서 당신에게 없는 것은 무엇입니까? 그것에 대하여 당신은 무엇을 하겠습니까?

_____
_____
_____
_____

5. 히브리서 10:36을 암송하십시오.

12
의의 열매로 충만함

초인종이 울렸습니다. 조용히 개인적인 시간을 갖고 있는데 누가 방해한다는 생각에 마음이 조금 조급해졌으나, 급히 문을 열었습니다. 우리 성경공부 그룹에 새로 참석하기 시작한 진이었습니다. 진을 보는 순간 조급했던 마음이 사라져 버렸습니다. 진이 말했습니다: "화요일 성경공부 시간에 당신이 피곤해 보였어요. 그래서 이것을 갖다 드려야겠다고 생각했어요." 진은 새로 구운 아직도 따뜻한 애플 파이를 내게 건네 주었습니다.

빌립보서 1:9-11에 있는 바울의 기도가 생각났습니다: "내가 기도하노라. 너희 사랑을 지식과 모든 총명으로 점점 더 풍성하게 하사, 너희로 지극히 선한 것을 분별하며, 또 진실하여 허물없이 그리스도의 날까지 이르고, 예수 그리스도로 말미암아 의의 열매가 가득하여 하나님의 영광과 찬송이 되게 하시기를 원하노라."

나는 이런 생각을 했습니다: "진은 모르겠지만, 내가 볼 때 진은 예수 그리스도로 말미암아 의의 열매가 가득해 있다." 진의 방문 - 그리고 그 애플 파이 - 은 나의 하루를 힘있게 해주었습니다.

나는 친구를, '나에게 하나님의 선하심과 의를 나타내 보여주는 사람'으로 정의합니다.

어느 교회 알림판에 다음과 같은 이야기가 적혀 있었습니다:

> 우리 집 잔디 깎는 기계가 고장 나서 2시간 동안이나 고쳤지만, 아무 소용이 없었습니다.
> 그때 새로 이사온 이웃이 연장을 손에 가득 들고 나타났습니다. "제가 도와 드릴까요?" 하고 그는 물었습니다. 그는 20분 만에 잔디 깎는 기계를 다 고쳤습니다.
> 나는 그에게 "대단히 고맙습니다" 하고 말하고 나서, "그런데, 당신은 이런 좋은 연장들을 가지고 무엇을 만드십니까?" 하고 물었습니다.
> "주로 친구들을 만들죠." 그가 미소를 지으며 말했습니다.
> "언제든지 저를 불러 주십시오."

참된 친구가 되는 것은 의의 열매로 충만한 삶의 일부입니다. 그러나 그것은 단지 일부일 뿐입니다.

의. 요한일서 3:7에 의롭다는 것이 무엇인지 잘 나타나 있습니다: "의를 행하는 자는 그(그리스도)의 의로우심과 같이 의롭고." 의롭다는 것은 **그리스도께 속한 사람처럼 행동하는 것**을 의미합니다.

알렉산더 대왕에 대하여 이런 일화가 있습니다. 그는 그의 군대의 유일한 재판장이었습니다. 그의 명령에, 머리가 베어지고, 모든 형벌이 베풀어졌습니다. 어느 날 한 병사가 그 앞에 끌려 나왔습니다. 그 병사는 근무 중에 잠을 잤던 것입니다. 알렉산더가 그에게 이름이 무엇이냐고 물었습니다.

"아 - 아 - 아 - 알렉산더입니다." 그 젊은 병사가 더듬거리며 대답했습니다. "너 지금 무엇이라고 말했느냐?" 알렉산더가 소리를 질렀습니다.

"예, 아 - 아 - 아 - 알렉산더입니다." 병사는 무서워 떨며 다시 대답했습니다.

알렉산더 대왕은 자리에서 벌떡 일어나 내려오더니 얼굴을 가까이 맞대고 똑바로 쳐다보며 큰 소리로 호통을 쳤습니다. "병사! 네 행동을 바꾸든지, 네 이름을 바꾸든지 하라!"

우리는 그리스도께 속한 사람들입니다. 그리스도인이란 그리스도의 이름을 따라 붙여진 것입니다. 내가 만일 하나님 앞에 선다면 하나님께서 나에게 "그리스도인이여, 네 행동을 바꾸든지 네 이름을 바꾸든지 하라!"고 호통을 치실 때가 있을 것입니다. (하나님께서 나보다도 나에 대하여 더 참으신다는 사실이 기쁩니다.)

의 - 의로운 것을 행하는 것 - 는 거룩함으로 이끕니다. 로마서 6:19에 "이제는 너희 지체를 의에게 종으로 드려 거룩함에 이르라"고 말하고 있습니다. 의는 행동과 관계된 것이며, 거룩함은 인격과 관계된 것입니다. 우리는 의를 행해야 하며, 거룩하게 되어야 합니다.

의는 우리 안에 있는 하나님의 빛의 결과입니다. "빛의 열매는 모든 착함과 의로움과 진실함에 있느니라"(에베소서 5:9).

의의 결과들은 어마어마합니다. 의로운 사람은 결코 흔들리지 않을 것입니다. "정직하게 행하며 공의를 일삼으며 그 마음에 진실을 말하며 그 혀로 참소치 아니하고 그 벗에게 행악지 아니하며 그 이웃을 훼방치 아니하며…이런 일을 행하는 자는 영영히 요동치 아니하리이다"(시편 15:2-5).

정말 맞는 말입니다. 나는 자주 흔들리며, 또 흔들릴 뻔한 적이 자주 있는 걸로 보아, 의를 행하는 일에서 아직 너무도 부족한 것 같습니다.

언젠가 나는 빨간 신호등에 우회전을 했습니다. (이것은 콜로라도 주에서는 합법적입니다.) 나는 내 뒤에 오는 차가 얼마나 빨리 달려오고 있는가를 미처 깨닫지 못했습니다. 내 뒤에는 매우 큰 트럭이 달려오고 있었는데, 내가 그의 차선으로 들어서자 그 트럭 운전사는 질겁을 한 것이 분명했습니다. 그는 시속 40마일 제한 속도 구역에서 50마일로 달리고 있었습니다. 그는 내 뒤를 들이받을 뻔하였습니다. 위기일발이었습니다. 그는 가까스로 내 차를 비켜 다른 차선으로 들어갔습니다. 그는 나에게 욕을 하는 것 같았습니다.

그 회색 트럭 뒤를 여러 구간 뒤따라가면서 나는 트럭 주인의 모습을 머리 속으로 그려 보았습니다. 차가 번쩍번쩍 빛나는 것으로 보아 그는 완전주의자인 것 같고, 여러 가지 부대장치를 완벽하게 갖추고 있는 걸로 보아 야외 생활을 즐기는 사람이라는 것을 알 수 있었습니다. 그러나, 바퀴에 있는 흙받이를 보고 나는 질리고 말았습니다. 그것은 나를 향하여 두 자루의 육연발 권총을 겨누고 있는 서부의 사나이를 연상케 했습니다. "물러서라"고 대문자로 써 있었던 것입니다.

나는 그날 마음이 흔들렸습니다. 내가 옳은 것을 행하지 않은 것 - 너무 빨리 빨간 신호등에서 우회전을 한 것 - 때문만이 아니라, 그 트럭 운전사 역시 옳은 것을 행하지 않았기 때문이었습니다.

때로는 나는 옳게 행하기는 하지만, 그릇된 태도로 행하는 적도 있습니다.

린이 다섯 살 때 일입니다. 남편은 출장 중이었고, 나는 린을 데리고 교회에 나가 앞쪽에 앉았습니다. 설교가 시작되었습니다.

우리 앞좌석에는 남편이 일하고 있는 기관의 회장이 앉아 있었고, 그분의 딸 진이 린 옆에 자리를 잡았습니다. 린은 진과 줄기차게 큰 소리로 이야기하고 있었습니다.

속이 타고 화가 난 나는 린을 쳐다보고, "쉬"라고 했습니다.

린은 계속 이야기했습니다.

"린, 조용히 해라." 나는 좀더 강한 목소리로 말했습니다.

말하나마나였습니다.

화가 나서 나는, "린, 너 조용히 하지 않으면 맞을 거야" 하고 화난 목소리로 말했습니다.

나는 마땅히 부드러운 말로 했어야 했습니다.

마침내 나는 린의 손을 잡아 끌고 밖으로 나갔습니다. 통로는 길지 않았습니다. 끌려 나가면서 린은 계속 안 나가려고 버티면서 소리질렀습니다. "안 나갈래, 엄마. 안 나갈래, 엄마. 안 나갈래!"

밖으로 나간 나는 린의 엉덩이를 세게 때려 내가 한 약속을 이행했습니다. 린이 울기를 그치기를 기다리고 있는 동안 화가 좀 누그러졌습니다. 바로 그때 마음속에서 한 음성이 들려 왔습니다: "그런데, 네가 그토록 화를 낸 것에 대해서는 누가 널 때려 주지?"

나는 할 말이 없었습니다.

내가 린을 데리고 교회에 나온 것이 잘못도 아니요, 린이 말을 듣지 않은 것에 대하여 린을 벌한 것이 잘못된 것도 아니었습니다. 내가 화가 난 상태에서 린을 벌한 것이 잘못된 것이었습니다.

하나님께서는 자기 자녀들을 징계하실 때 화가 난 상태에서 하시는 것이 아니라, 오직 그 크신 사랑의 마음으로 하십니다. 이 사실을 생각하면 나는 너무도 기쁩니다. 하나님께서 우리를 징계하시는 것은 우리의 행동이 마음에 들지 않는다는 것을 표현하시기 위한 것이 아니라, 우리가 더 나은 백성이 되라고 가르치시기 위한 것입니다.

나는 올바른 것을 행했을지는 모르나, 그것을 나쁜 태도로 했습니다. 여기에서는 의의 열매가 맺힐 수 없는 것입니다.

의인의 특성을 자세히 살펴보아야겠다고 마음먹은 것이 바로 그때였습니다. 의를 행하는 자는 복이 있으며 감사가 넘칩니다(시편 106:3, 118:19). 의로운 사람은 또한 생명에 이릅니다(잠언 11:19). 그리고 그는 하나님의 사랑을 받습니다(잠언 15:9).

우리는 너무도 자주 그릇된 태도와 행동으로 우리 삶을 엉클어 놓으면, 하나님께서는 인내로 엉킨 것을 풀어 주십니다. 너무도 기쁜 일입니다.

생각 없고 조급한 손으로
우리는
주님께서 짜신 계획을
엉키게 한다.
그리고 나서 우리가
고통 중에 부르짖으면,
하나님께서는 말씀하신다.
"애야, 안심해라.
내가 그 매듭을 풀고 있다."

우리는 인내로 꾸준히 올바로 행하는 것이 필요합니다. 의는 마귀를 막는 갑옷이 되기 때문입니다. 의는 사탄의 공격에서 우리를 보호합니다(에베소서 6:14). 의는 사탄에 대항하는 공격 무기이기도 합니다(잠언 13:6, 고린도후서 6:7).

의가 어떻게 우리를 보호하는지 생각해 본 적이 있습니까?

한번은 공갈범 몇 명이 찰스 스펄전에게 언제 어느 장소에 얼마만한 돈을 갖다 놓지 않으면 그의 비리를 신문에 공표하여 그의 명예를 훼손하고 사역을 끝장나게 해주겠다고 편지를 보냈습니다. 스펄전은 약속 장소에 다음과 같은 편지를 놓아두었습니다: "당신들이 내게 대해 알고 있는 모든 것을 온 세상에 공표해 주시기 부탁드립니다." 그는 자기의 삶이 사람들이 보기에 흠이 없다는 것을 알았고, 따라서 그들은 그를 건드릴 수가 없었습니다.

의는 진리처럼 사탄의 공격에 대항하여 우리의 삶을 보호합니다. 우리의 의의 근원은 오직 그리스도이십니다. 우리가 그분을 우리 삶 속에 영접할 때 그분의 의를 소유하게 됩니다 (로마서 4:6-8). "한 사람의 범죄를 인하여 사망이 그 한 사람으로 말미암아 왕노릇하였은즉, 더욱 은혜와 의의 선물을 넘치게 받는 자들이 한 분 예수 그리스도로 말미암아 생명 안에서 왕노릇하리로다"(로마서 5:17).

하나님께서는 우리에게 그리스도의 의를 주실 뿐만 아니라, 그리스도께서는 우리 안에 사심으로써 친히 우리의 의가 되십니다. "하나님이 죄를 알지도 못하신 자로 우리를 대신하여 죄를 삼으신 것은 우리로 하여금 저의 안에서 하나님의 의가 되게 하려 하심이니라"(고린도후서 5:21).

빨간 유리컵을 통하여 바라보면 모든 것이 빨갛고, 파란 유리컵을 통하여 보면 모든 것이 파랗습니다. 우리가 예수 그리스도를 우리의 구주로 믿고 있으면, 하나님께서는 주 예수 그리스도를 통하여 우리를 바라보십니다. 하나님께서는 그 아들 예수 그리스도의 완전한 거룩함 안에 있는 우리를 보십니다. 우리의 죄는 그리스도께서 모두 담당하시고, 우리는 그리스도의 의를 덧입게 됩니다.

우리는 흑암의 권세에서 해방되어 하나님의 사랑의 아들의 나라로 옮기어졌습니다. 우리는 하나님의 눈에는 의롭습니다. 그리스도께서 우리 안에 계시기 때문에 하나님께서 우리를 의롭다고 선포하셨습니다. 그러나 이땅에 살고 있는 우리는 또한 범죄를 합니다. 의는 우리가 도달해야 할 목표이기도 합니다. 우리는 이미 의인이면서 동시에 의인이 되어 가고 있는 과정에 있습니다. 하나님의 목적은 우리가 이땅에서 그리스도의 의를 본받아 의로운 삶을 사는 것입니다. 하나님께서는 우리가 올바른 것을 행하기를 원하십니다. 여기에는 바로 우리의 노력과 수고가 필요합니다.

다시 한 번 "어떻게?"라는 질문이 떠올랐습니다.

하나님께서는 거기에 대해서도 분명하게 말씀해 주셨습니다.

1. 우리는 의에 주리고 목말라야 합니다. 예수님께서는 이렇게 선포하셨습니다: "의에 주리고 목마른 자는 복이 있나니, 저희가 배부를 것임이요"(마태복음 5:6). 만일 우리가 의에 주려 있지 않다면, 의에 대한 갈망을 달라고 기도해야 합니다. 지난달 당신은 의로운 삶을 살고자 하는 열망을 달라고 하나님께 얼마나 자주 기도했습니까? 의를 위하여 지속적으로 기도하며, 무엇이 일어나는지 지켜보십시오.

2. 우리 자신을 하나님께 드려야 합니다. 우리의 모든 것을 전적으로 하나님께 내어 드려야 합니다. "또한 너희 지체를 불의의 병기로 죄에게 드리지 말고, 오직 너희 자신을 죽은 자 가운데서 다시 산 자같이 하나님께 드리며, 너희 지체를 의의 병기로 하나님께 드리라"(로마서 6:13). 우리는 매일 아침 경건의 시간에 자신을 하나님 앞에 드려야 할 뿐 아니라, 하루를 살면서 순간 순간 우리 자신을 하나님께 거룩한 산 제사로 드려야 합니다. 이 글을 쓰고 있는 동안 나의 기도 생활을 돌이켜보면서 아주 성실치 못하며 지속적이지 못한 것을 깨닫고 지속적인 기도 생활을 할 수 있도록 도와 달라고 하나님께 기도하는 시간을 가졌습니다.

3. 하나님의 계명에 순종해야 합니다. "너희 자신을 종으로 드려 누구에게 순종하든지 그 순종함을 받는 자의 종이 되는 줄을 너희가 알지 못하느냐? 혹은 죄의 종으로 사망에 이르고,

혹은 순종의 종으로 의에 이르느니라"(로마서 6:16, 요한복음 15:2-8도 참조).

  4. 하나님의 능력에 의지해야 합니다. "심는 자에게 씨와 먹을 양식을 주시는 이가 너희 심을 것을 주사 풍성하게 하시고 너희 의의 열매를 더하게 하시리니"(고린도후서 9:10).

  5. 우리 자신에 대하여는 죽고, 새 사람을 입어야 합니다(에베소서 4:24, 요한복음 12:24). 이것은 쉽지 않습니다! 그것은 무엇보다도 우리의 의지의 문제입니다. 옛 사람을 죽인다는 것은 교만을 죽인다는 것을 의미합니다. 교만이란 놈은 아주 교활해서 다루기가 어렵습니다. 내가 그 교만을 죽였다고 생각하는 그 순간, 교만은 또 다른 모습으로 갑자기 튀어나옵니다.

  내 자신이 다른 사람들에게 아무것도 아닌 존재처럼 느껴질 때가 종종 있습니다. 이런 상태에 있을 때 나는 온갖 감정을 경험합니다. 자기 연민. 여러 가지 의문들(그들이 왜 나를 알아주지 않지? 그들이 나를 좋아하지 않는 건가? 내가 뭘 했길래 그러지?). 여러 가지 부당한 감정들. 마음 상함. 화(그녀가 **나를** 부를 때까지는 그녀에게 점심 먹으러 가자고 하지 않겠어!).

  나는 사람들이 나에게 주목하기를, 나의 존재를 알아주기를, 나의 능력을 알아주기를 원하고 있습니다. 이것을 구체적으로 이름을 붙인다면 교만인 것입니다.

  나는 나에게 문제가 있다는 것을 깨닫기 시작하고 있습니다. 나의 문제는 내가 사람들에게 안 보이는 것이 아니라, 그들에게 보이기를 너무도 원하고 있다는 데 있습니다. 나의 문제는 내 안에 있는 것입니다.

다윗 왕은 사람들 눈에 보이지 않는 보잘것없는 사람이 아니었습니다. 그러나 셀 수 없을 만큼 그는 거부와 배반을 당했습니다. 그는 분명 많은 잘못도 범했으나, 올바르게 한 것이 한 가지 있었습니다. 그는 결코 보복하지 않았습니다! 압살롬, 시므이, 그리고 시바에 대하여 그는 용서했으며 따뜻하게 대했습니다. 나에게는 놀라운 행동입니다. 다윗은 너무도 잘 변하는 사람들을 보면서 겸손을 배웠고, 이를 통하여 사람을 기쁘게 하는 것이 아니라, 하나님만 기쁘게 하는 삶을 살아야겠다고 하는 태도를 발전시켰습니다.

그러나, 나는 어떻습니까? 나는 남들이 나를 주목하기를 바랍니다. 나는 남편이 남들의 주목을 받기를 원합니다. 나는 남들이 나를 알아주고 인정해 주기를 원합니다.

나는 알게 모르게 이를 위해 열심히 힘씁니다. 남들이 "야, 그거 훌륭한데!"라고 말해 주기를 바라면서, 겉으로는 "뭘 그다지 잘 한 것도 아닌데" 하고 말할 수도 있습니다. 때로는 어떤 것에 대하여 이야기할 때 남들이 나의 생각에 공감해 주기를 바란다거나 주목해 주기를 바라는 마음으로 하기도 합니다. 어떤 때는 무의식적으로 그렇게 하기도 하고 어떤 때는 알면서도 그렇게 하기도 합니다.

하나님께서는 교만과 겸손을 나에게 가르쳐 주는 분명한 선을 말씀해 주셨습니다. 오늘 아침 하나님께서는 빌립보서 2:7 말씀을 생각나게 해주셨습니다. "오히려 자기를 비어 종의 형체를 가져 사람들과 같이 되었고." 그리스도께서는 자기를 비우셨습니다. 나는 그리스도를 본받아야만 합니다!

어떻게 하면 내 자신을 비울 수 있습니까? 나를 아무것도 아닌 존재로 취급해도 좋다는 권한을 하나님과 다른 사람들에게 허락함으로써, 말로뿐만 아니라 마음으로 다른 사람들을 세워 줌으로써, 다른 사람들은 드러나고 나는 드러나지 않을 때 기뻐함으로써, 어떤 사람이나 장소나 사건을 잘 알고 있는 양 떠벌리지 않음으로써, 내가 아무것도 아니라는 것을 앎으로써, 그러나 하나님께서 내 안에 계시기 때문에 나는 소중한 존재요 하나님께 귀중하다는 것을 앎으로써, 하나님께서 나에 대하여 어떻게 생각하는가에만 오로지 관심을 갖고, 사람들이 나에 대하여 어떻게 생각하는가에 대하여는 관심을 갖지 않음으로써, 내 자신을 비울 수 있습니다. 하나님께서 내 삶 속에 허락하신 것이면 무엇이든지 거기에 대하여 "할렐루야!"를 외칠 수 있는가가 중요하다고 믿습니다. 나는 그런 수준에까지 도달하기를 원합니다.

나는 아직 거기에 도달하지 못했습니다. 지금 거기를 향하여 달려가고 있는 중입니다. 내게는 이것이 옛 사람을 죽이는 것의 일부입니다. 토저는 그것을 이런 식으로 표현했습니다:

> 온유한 사람이란 열등감에 빠져 있는 겁쟁이가 아니다. 오히려 사자만큼 담대하고 삼손처럼 강할 수 있다. 그는 자기 자신에 대하여 속지 않는다.
>
> 그는 자신의 삶에 대한 하나님의 평가를 받아들인다. 그는 하나님께서 말씀하셨듯이 자기가 약하며 무력하다는 것을 알고 있다. 그러나, 역설적으로 보이지만, 그는 동시에 자기가 하나님께서 보시기에는 천사보다 더 중요하다는 것을 알고 있다. 자기 자신을 보

면 아무것도 아니나, 하나님 안에서는 매우 귀중한 존재다. 그것이 그의 모토다.

세상은 결코, 하나님께서 그를 보듯이 그를 보지 못할 것이라는 사실을 그는 잘 알고 있다. 그는 염려를 그쳤다. 그는 하나님께서 친히 가치를 부여하시도록 하고, 완전히 만족하여 쉰다. 그는 모든 것이 각기 제 가격표를 받으며 진정한 가치를 부여받을 그날을 인내로 기다린다. 의인들은 아버지의 나라에서 빛날 것이다.

6. 의를 위하여 기도하며, 다른 사람이 의롭게 되도록 위하여 기도해야 합니다. "내게 의의 문을 열지어다. 내가 들어가서 여호와께 감사하리로다"(시편 118:19). 바울은 빌립보의 성도들이 의의 열매로 충만하기를 기도했습니다(빌립보서 1:11).

7. 마지막으로, 의를 추구해야 합니다. 그것을 향하여 나아가며 그것을 위해 힘써야 합니다. "오직 너 하나님의 사람아, 이것들을 피하고 의와 경건과 믿음과 사랑과 인내와 온유를 좇으며"(디모데전서 6:11).

당신은 자신을 걷어차고 싶은 적이 있습니까? 때때로 나는 자신에 대하여 실망하는데, 하나님께서 내게 주신 모든 것을 가지고 신앙에서 난쟁이가 아니라 거인이 되어야 하는데 그렇지 못한 까닭입니다.

내가 한 일에 대하여 바로 즉시 다른 사람들이 한 일과 비교하여 심판을 받지는 않을 것입니다. (다행히도 우리 그리스도께 속한 사람들은 결코 우리의 죄에 대하여는 심판을 받지 않을 것입니다. 우리의 죄는 모두 그리스도와 함께 영원히 묻혔습니다. 그러나 우리는 우리의 행위에 의하여 심판을 받을 것입니다.)

하나님께 대형 컴퓨터가 있다고 해봅시다. 거기에는 우리가 인생을 살면서 한 모든 행위가 입력되어 있으며, 또 하나님께서 우리에게 베풀어 주셨던 모든 은혜와 축복들이 입력되어 있습니다. 프린트가 나왔을 때 거기에는 우리에게 주어졌던 것과 비례하여 우리가 해야 했던 또한 되어야 했던 것들이 적혀 있을 것입니다. "알지 못하고 맞을 일을 행한 종은 적게 맞으리라. 무릇 많이 받은 자에게는 많이 찾을 것이요 많이 맡은 자에게는 많이 달라 할 것이니라"(누가복음 12:48).

물론, 비교는 어느 경우에든 무익합니다. '내가 이러이러한 것들을 받았으니 나는 이러이러한 사람이 되었어야 하는데' 하고 곰곰이 생각하는 것은 현명한 것이 못됩니다. 나의 초점은 **바로 오늘 하나님께 순종하고 올바로 행하는 것이어야만 합니다.** 비교는, 그것이 부정적인 것이든 긍정적인 것이든, 바로 오늘 즉시 하나님 안에서 올바로 행해야 한다는 마음을 흩트려 놓습니다.

하나님께서는 우리가 삶에서 의와 화평의 열매를 풍성히 거두기를 원하십니다. 하나님께서는 우리 각자가 의로 충만하기를 원하십니다. 우리도 그러기를 원합니다.

이를 위해 노력합시다!

적용을 위한 성경공부

1. 빌립보서 1:9-11을 주의 깊게 읽고, 자신의 말로 써보십시오. "의"라는 말에 대해 정의를 한 다음, "의의 열매"에 대하여도 정의를 하십시오.

   _____
   _____
   _____
   _____
   _____
   _____
   _____
   _____
   _____
   _____

2. 다음 성경 구절을 찾아, 우리가 어떻게 의를 성취할 것인지 자신의 말로 설명하십시오.

   가. 마태복음 5:6 _____
   _____

   나. 로마서 6:13-16 _____
   _____

다. 고린도후서 9:10 _____
_____

라. 에베소서 4:24 _____
_____

마. 디모데전서 6:11 _____
_____

바. 히브리서 12:11 _____
_____

사. 야고보서 3:18 _____
_____

3. 이번주에 매일 당신이 할 "의로운" 일을 한 가지씩 당신의 마음에 얹어 주시도록 기도하십시오. 매일 그것을 적고 실행하십시오.

_____
_____
_____
_____
_____

4. 다음 구절에서 의의 결과와 그 열매는 무엇입니까?
   가. 시편 15:2-3 _____
   _____

나. 잠언 11:19 _____
_____

다. 잠언 15:9 _____
_____

라. 잠언 21:21 _____
_____

마. 이사야 32:17 _____
_____

바. 로마서 6:19 _____
_____

사. 에베소서 6:14 _____
_____

아. 빌립보서 1:11 _____
_____

200 차고 넘치는 삶

13
빛으로 충만하고
소망으로 넘침

그녀는 내가 서 있는 곳으로부터 몇 미터 저쪽에 있는 작은 열람석에 앉아 조용히 책을 읽고 있었습니다. 그 대규모 서적상 집회에 드나드는 수많은 사람들이 대부분 그녀를 알아보지 못했습니다. 그녀는 체구가 자그마했고, 얼굴에는 주름살이 있었는데 인생의 경륜과 지혜를 나타내 주고 있었습니다. 그리고 머리는 둥글게 감아 올렸고 챙이 없는 모자를 쓰고 있었습니다. 이따금 한 사람이 그녀의 열람석에 와 책상 위에 있는 책들을 가져 가고 다른 책들을 놓아두었습니다. 그럴 때마다 두 사람 사이에는 뭔가 따뜻함이 오가는 듯하였습니다. 나는 몇 번이나 그녀 옆을 지나갔지만 그녀가 누군지 몰랐습니다. 주위에는 큰 열람석들도 많이 있었는데, 그에 비해 그녀가 앉아 있는 열람석은 그저 평범한 작은 열람석이었고, 거기에는 사람들의 주목을 끌 만한 것이 하나도 없었습니다.

그때 지나가던 사람이 나에게, "사비나 범브란트가 여기에 계신다는 것을 당신은 아셨습니까?" 하고 물었습니다.

"사비나 범브란트요? 그리스도를 위해 고난받으며를 쓴 리

처드 씨의 부인 말씀이세요?"

"예." 그리고는 몇 미터 저쪽에 있는 그녀를 가리켰습니다.

나는 놀라서 돌아다보았습니다. 그녀가 누구며, 어떤 업적을 남겼으며, 어떤 영향을 끼쳤는지 알리는 표시도 없었습니다. 공개적인 소개도 없었습니다. 흔히 유명 인사가 오게 되면 야단법석을 떠는 경우가 있는데, 그런 것도 없었습니다. "유명 인사가 앉았던 자리"라고 서명하는 시간도 없었습니다. 그녀 자신이 훌륭한 작가요, 바로 그 순간 일단의 미국 상원의원들과 모임을 갖고 있는 사람의 아내였지만, 그녀는 자기를 드러내지 않고 조용히 앉아 있었습니다. 그녀를 만나기 위해 줄을 서야 할 필요도 없었습니다! 내가 그녀와 악수했을 때, 그녀의 얼굴에는 그리스도의 빛으로 빛나는 미소가 흘러 넘쳤고, 주님 안에서 형제 자매 된 사람에 대한 따뜻한 사랑의 향기가 은은히 풍겨 나왔습니다.

그 주간에 나는 상원의원들을 비롯한 많은 유명 인사들을 그 집회에서 만났는데, 나에게 있어서 가장 하이라이트는 그녀와 악수한 것이었습니다. 그녀는 공산국가에서 감옥에 갇혀 가족들을 만나지 못하고, 온갖 고문을 당하며, 굶주리며, 그리스도를 위하여 믿을 수 없을 정도로 잔학 행위를 당하였습니다. 그러나, 그러한 믿음의 시련에도 불구하고, 그리고 그러한 믿음의 시련 까닭에, 그녀는 교만하지 않고 자기를 드러내지 않는 겸손한 성도가 되었습니다.

나와 잠시 이야기한 그 짧은 순간에, 그녀는 그리스도인인 우리에게 충만해야 할 자질들과, 그리고 특별히 우리에게서 흘러 넘쳐야 할 자질을 본으로 보여 주었습니다.

그녀는 그리스도의 빛으로 충만했으며, 이해로 충만했으며, 소망으로 **흘러 넘쳤습니다**.

빛.

빛이라는 말 속에는 빛난다, 비춘다, 밝다, 이해와 통찰력을 제공한다 등등 여러 가지 의미가 들어 있습니다.

산상수훈에서 예수님께서는 애매모호하게 적당히 얼버무린 것이 하나도 없습니다. 예수님께서는 "눈은 몸의 등불이니, 그러므로 네 눈이 성하면 온 몸이 밝을 것이요"(마태복음 6:22)라고 분명하게 말씀하셨습니다.

하나님께서는 내가 단지 소량의 빛만을 갖기를 원하시지 않습니다. 하나님께서는 내가 빛으로 **충만**하기를 원하십니다. 그리고 하나님께서는 내가 어떻게 하면 빛으로 충만할 수 있는가 그 방법까지도 말씀하십니다: "그러므로 네 속에 있는 빛이 어둡지 아니한가 보라. 네 온 몸이 밝아 조금도 어두운 데가 없으면 등불의 광선이 너를 비출 때와 같이 온전히 밝으리라"(누가복음 11:35-36).

그리스도의 빛이 내 안에 들어올 때까지는 내 안에는 빛이 하나도 없었고 온 몸이 캄캄했습니다. 그리스도는 빛이시요, 빛의 유일한 근원이십니다. "여호와는 나의 빛이요, 나의 구원이시니, 내가 누구를 두려워하리요. 여호와는 내 생명의 능력이시니, 내가 누구를 무서워하리요"(시편 27:1). 예수님께서는 온 세상이 듣도록 선언하셨습니다: "나는 세상의 빛이니, 나를 따르는 자는 어두움에 다니지 아니하고 생명의 빛을 얻으리라"(요한복음 8:12).

내가 발하는 빛은 내가 직접 발하는 빛이 아니라, 그리스도의 빛이 내게서 반사되어 발하는 빛입니다. 그러나 그리스도의 빛이 내 안에 충만할 때 나는 희미하게가 아니라 밝게 세상에 빛을 발할 수 있습니다.

엘리자베스 루니는 이렇게 말합니다: "해가 지평선 위로 올라오면 모든 나뭇잎과 가지와 줄기의 동쪽 면이 금빛으로 반짝이게 됩니다. 그것을 보고 있노라면 나는 마음이 즐겁습니다. 나는 이 나무와 같습니다. 나무가 햇빛을 가득 받을수록 더 많이 성장하듯이, 나도 하나님의 빛을 가득 받을수록 더 많이 성장합니다. 내가 하나님의 빛을 받는 그 정도만큼 나는 변화되어 갑니다. 나의 온 몸이 빛으로 충만할 때 나는 황금빛으로 반짝일 것입니다. 내가 해야 할 일은 늘 같은 장소에 머물러 조용히 그분의 빛을 기다리는 것뿐입니다."

그리스도는 그를 구주로 영접하는 모든 사람 안에 살아 계십니다. 나의 책임은 빛나는 것입니다. 내 영혼의 창에서 먼지와 때를 제거하여 그분의 빛이 내 영혼의 창을 통하여 더욱 똑똑하게 밝게 비치도록 해야 합니다.

빛은 어두움을 몰아냅니다. 빛은 우리의 길을 안내합니다. 빛은 사물이 자라게 합니다. 빛은 우리를 따뜻하게 하며, 기쁘게 하며, 희망을 줍니다. 열거하자면 한이 없습니다.

그중에서도 나에게 가장 의미 있는 것을 하나 든다면, 빛은 이해와 통찰력을 가져다 준다는 것입니다.

이 빛을 통하여 나는 주위에서 일어나는 사건들에 대한 하나님의 목적과 때, 그리고 사람들 안에서 일하시는 하나님의 역사를 이해하게 됩니다. 그러나, 훨씬 더 광범위하고 포괄적인 이해의 감각이 있습니다. 우리는 그러한 이해로 충만해야 합니다. 바울은 골로새서 2:2-3에서 이렇게 말했습니다: "이는 저희로 마음에 위안을 받고 사랑 안에서 연합하여 원만한 이해의 모든 부요에 이르러 하나님의 비밀인 그리스도를 깨닫게 하려 함이라. 그 안에는 지혜와 지식의 모든 보화가 감취어 있느니라."

"원만한 이해의 모든 부요."

어느 금요일 이른 새벽 전화벨이 울렸습니다. 나는 따뜻한 침대를 빠져나와 비틀거리며 가서 전화를 받았습니다. 친구였습니다. 인사말을 끝내더니 갑자기 목소리가 변하면서 비극적인 사건을 자세히 이야기했습니다.

우리 친구인 메리 루의 남편이 세상을 떠났다는 것이었습니다. 남편이 나무 상자를 지하실로 운반하려고 하자, 메리 루는 아들을 불러 함께 옮기라고 말했으나, 남편은 이런 정도는 문제없다고 했습니다. 잠시 후 우당탕 쾅 하는 요란한 소리를 듣고 달려가 보니 남편이 지하실 바닥에 쓰러져 있었습니다. 메리 루는 즉시 달려가 병원에 연락을 했습니다. 그녀의 남편은 상자를 메고 계단을 내려가다가 굴러 떨어졌는데, 상자가 그 위로 덮쳤고, 바닥에 머리를 심하게 부딪혔습니다. 뇌에 출혈이 심했는데, 피가 속에 뭉쳐 있어서 수술을 해야 했습니다. 그로부터 5일 후 그녀의 남편은 세상을 떠났습니다.

나는 주님께 이렇게 말씀드렸습니다: "주님, 저는 이해할 수가 없습니다. 메리 루는 주님을 너무도 사랑하고 있습니다. 그녀는 마음을 다하여 주님을 섬기고 있습니다. 저는 이해할 수 없습니다."

나는 그날 아침의 전화가 캘리포니아에 가 있는 남편으로부터 온 것인 줄 알았습니다. 시아버지가 심장병으로 수술을 받아 심장이 매우 약해져 있었고, 시어머니 혼자 병간호하시느라 애쓰고 계셨습니다. 남편은 부모님을 뵙기 위하여 캘리포니아에 간 것입니다. 시아버지는 과거에 3년 동안 아주 심한 딸꾹질을 하신 적이 있었는데, 딸꾹질을 한 번 하면 온 몸에 경련을 일으킬 정도였습니다. 딸꾹질은 한 2주 정도 계속되다가 2-3일 정도 없다가 했는데, 이것이 3년간이나 계속되었습니다. 3년 동안 많은 치료와 기도 끝에 딸꾹질이 겨우 멎었습니다. 그런데 이 딸꾹질이 다시 재발한 것입니다. 딸꾹질은 시아버지의 약해진 심장을 더욱 약화시키고 있었습니다.

"주님, 주님께서는 전에 시아버지의 딸꾹질을 치료하셨습니다. 그런데 왜 시아버지의 심장이 그토록 약해져 있는 때에 딸꾹질이 재발하게 하셨습니까? 주님께서 그를 본향으로 데려가기를 원하신다면, 이보다 덜 고통스러운 방법으로는 하실 수 없습니까? 저는 이해할 수 없습니다."

주님께서 내 마음에 속삭이셨습니다: "캐롤, 너는 이해할 필요가 없다. 다만 믿으라."

나는 주님께 따졌습니다: "그러나, 주님. 주님께서는 골로새서에서 원만한 이해의 모든 부요에 이르라고 말씀하셨습니다."

주님께서 말씀하셨습니다: "캐롤, 넌 그 구절을 다 읽지 않았구나."

나는 그 다음을 계속 읽었습니다: "원만한 이해의 모든 부요에 이르러 하나님의 비밀인 그리스도를 깨닫게 하려 함이라. 그 안에는 지혜와 지식의 모든 보화가 감추어 있느니라. 내가 이것을 말함은 아무도 공교한 말로 너희를 속이지 못하게 하려 함이니"(2:2-4).

"하나님의 비밀인 그리스도를 깨닫게 하려 함이라." 나는 그 구절을 잘못 해석했던 것입니다.

나는 한숨을 쉬고 이렇게 기도했습니다: "저를 용서하여 주십시오, 주님. 주님께서는 제가 주위에서 일어나고 있는 모든 사건에 대하여 모든 것을 완전히 이해해야 한다고 말씀하시지 않았습니다. 제가 주님을 아는 지식으로 충만해야 한다고 주님께서는 말씀하셨습니다. 정말로 제게 필요한 것은 오직 주님을 온전히 아는 것이옵니다."

주님께서 말씀하셨습니다: "이제야 네가 이해하는구나."

* * *

사비나 범브란트는 빛과 이해로 충만했을 뿐만 아니라, 소망으로 흘러 넘치고 있었습니다.

나는 이 세상 안에 소망이 없는 것을 보고 속으로 눈물을 흘립니다. 과연 당신과 나는 우리 자신의 삶에 대하여 "나는 소망으로 흘러 넘치고 있다"고 말할 수 있습니까?

1983년 5월 7일, 나는 이렇게 적었습니다:

내가 가장 좋아하는 갈색 의자에 앉아 있다. 발에는 아침 산보에서 돌아온 그대로 테니스 양말을 신고 있다. 발을 다른 의자에 걸쳐놓았다. 집안이 조용하다. 벽난로 위에 있는 시계의 부드럽고 친숙한 째깍거리는 소리와 벽난로의 장작이 이따금 틱틱 하며 타는 소리, 그리고 냉장고의 웅 하는 소리만이 정적을 깨뜨린다.

토요일 아침이다. 일반적으로 토요일은 남편과 함께 "데니의 집에서 아침을 먹는 날"이고, 그 다음 몇 가지 볼일도 보고, 장도 보고, 그리고 오후에는 텔레비전에서 골프 게임을 보며 쉬는 날이다. 오늘도 남편은 캘리포니아의 부모님과 함께 있다. 병중에 계신 아버지를 간호하시는 어머니를 돕고 있다.

집이 너무 조용하다. 뭔가 해야겠다.

최근 내가 깊이 묵상하고 있었던 구절을 다시 생각한다. "소망의 하나님이 모든 기쁨과 평강을 믿음 안에서 너희에게 충만케 하사 성령의 능력으로 소망이 넘치게 하시기를 원하노라"(로마서 15:13). 이 구절이 의미하는 것은 과연 무엇일까? 기쁨과 평강이 충만하고 소망이 넘치는 것은 이따금 있는 일인가, 아니면 우리의 삶에 항상 있어야 하는 일인가? 어떻게 소망이 넘치지? 무엇에 대한 소망? 바로 이 쓸쓸하고 고요한 날에 나는 소망으로 넘치고 있는가?

갑자기 나의 마음이 "그래!" 하고 대답한다. 나는 지금 소망으로 흘러 넘치고 있다. 막연한 희망과 같은 소망이 아니라, 확실하고 기대감이 넘치며 살아 있는 그런 소망이다.

나의 소망이 흘러 넘치는 까닭은 만일 시아버지가 돌아가셔도 무덤에 있는 것은 단지 그분의 낡은 육체뿐이라는 것을 알고 있기 때문이다. 그분의 영은 독수

리처럼 날개 치며 힘있게 날아오르며 노래하실 것이다. 이땅에 계시던 그 어느 때보다 더 생명력이 넘치는 삶을 사실 것이다. 그분은 웃으며, 대화하며, 예전에 결코 상상치도 못하던 기이한 것들을 보실 것이다.

나는 지금 그런 소망으로 흘러 넘치고 있다.

욥은 하늘의 별들과 달과 구름과 바다도 하나님의 위대한 솜씨를 부분적으로 보여 주는 것에 불과하다고 말한다(욥기 26:14). 언젠가 나는 하나님의 위대한 솜씨를 완전히 다 보리라는 소망으로 넘치고 있다. 이것은 확실한 소망이다.

조이, 아버지, 어머니, 할아버지, 할머니를 생각한다. 그리고 지금 하늘나라에 있는 다른 많은 사랑하는 친구들. 나의 마음은 어느 날엔가 그들과 만날 것이라는 소망으로 넘친다.

예수님을 생각한다. 주님의 사랑. 언젠가 내가 직접 얼굴을 대면하여 그분을 볼 것이며, 또 고통과 슬픔과 눈물과 좌절이 없는 그런 곳에서 주님께서 나를 위해 예비하신 유업들을 얻게 될 것을 알기에 나의 소망은 흘러 넘친다.

그날에는 완전히 이해할 것이다. 갓난아기들이 왜 죽는지, 사람들이 왜 굶어 죽는지, 사람들이 왜 고통을 당하는지 더 이상 이상하게 생각하지 않을 것이다. 나는 이해할 것이다.

나는 지금 소망으로 흘러 넘치고 있다. 이 고요하고 고독하고 약간 슬픈 날에도. 나의 구속자가 살아 계신다! 그리고 그분이 살아 계시기 때문에 나 또한 살 것이다. 그분은 소망이시다. "너희 안에 계신 그리스도시니, 곧 영광의 소망이니라"(골로새서 1:27).

* * *

카시러는 "소망이란 어제의 멍든 상처를 포근히 감싸 주는 가볍고 편한 잠옷이다"라고 했는데, 나는 이 말을 참 좋아합니다. 그러나, 소망은 훨씬 그 이상입니다.

소망의 반대는 절망입니다. 절망과 소망은 공존할 수 없습니다. 우리의 소망은 하나님 안에(사도행전 24:15), 죽은 자의 부활 안에(베드로전서 1:21), 주님의 놀라운 약속들 안에(사도행전 26:6-7) 있어야 합니다. 우리는 하나님의 영광을(로마서 5:2, 8:18-25), 의를(갈라디아서 5:5), 하나님의 부르심을(에베소서 1:18), 영생을(디도서 1:2), 그리스도의 재림을(디도서 2:13) 소망해야 합니다.

바울은 로마서 12:12에서 "소망 중에 즐거워하라"고 명합니다. 기쁨과 즐거움은 그리스도 안에 있는 우리의 소망에 근거를 두어야 합니다.

소망은 우리의 영적 생활에 없어서는 안 될 너무도 중요한 것입니다. 소망은 우리의 삶에 넘치는 활력을 줍니다. 소망은 결코 우리를 실망시키지 않습니다(로마서 5:5). 소망은 사랑과 밀접한 관련이 있습니다(고린도전서 13:7). 소망은 튼튼하고 견고한 영혼의 닻과 같습니다(히브리서 6:18-20).

우리 모두는 소망을 원합니다. 소망은 우리의 삶 속에 기쁨,

평화, 말의 담대함과 효과적인 사역, 사랑, 견고함, 격려, 부지런함, 순결 등을 낳습니다(베드로전서 1:3, 로마서 12:15, 고린도후서 3:12, 골로새서 1:5, 데살로니가전서 1:3, 5:11, 히브리서 6:11, 요한일서 3:3). 그러나, 우리는 모두 소망이 낳는 것은 원하면서도, 그것을 얻기 위하여 값을 치르기는 원하지 않는 경우도 있습니다. 얻기 위해서는 반드시 치러야 할 대가가 있는 것입니다.

우리가 소망을 소유할 때 두 가지 주요한 영역에서 큰 책임을 가지게 됩니다. 우리에게는 이 소망을 다른 사람들과 나누어야 할 책임이 있는 것입니다(베드로전서 3:15). 우리는 온유와 두려움으로, 우리 속에 있는 소망에 관한 이유를 묻는 모든 자에게 대답할 것을 항상 예비해야 합니다. 나아가 우리는 우리 자신을 순결하게 해야 할 책임이 있습니다. "주를 향하여 이 소망을 가진 자마다 그의 깨끗하심과 같이 자기를 깨끗하게 하느니라"(요한일서 3:3).

이 책임을 감당하기 위하여 우리는 먼저 우리 주님 안에 있는 이 소망을 소유해야만 합니다. 그러면 우리는 이 소망을 어떻게 기를 수 있습니까? 어떻게 하면 이 소망이 자라고 퍼져나가 마침내 우리의 삶의 모든 영역으로까지 흘러 넘치게 할 수 있습니까?

* * *

소망이 자라도록 하기 위해 필요한 것으로 네 가지를 들 수 있습니다.

우리 안에 있는 소망의 싹이 자라도록 하기 위해서는 첫째로 **인내**와 **성경의 안위**가 필요합니다: "무엇이든지 전에 기록한 바는 우리의 교훈을 위하여 기록된 것이니, 우리로 하여금 인내로, 또는 성경의 안위로 소망을 가지게 함이니라"(로마서 15:4). 우리는 소망의 뿌리를 진리의 말씀 속에 깊이 내려야 합니다.

친구의 남편이 세상을 떠나고, 시아버지의 병이 악화되어 마음이 어둡던 그날 오후 나는 욥기를 읽었습니다. 욥기는 나에게 참되고 깊은 소망을 주었습니다. 나는 자주, 실망되는 일이 있을 때 성경 말씀으로 달려갑니다. 그럴 때마다 나는 하나님의 위로와 평안과 소망을 발견합니다. 이러한 소망을 안고 나는 어떤 때는 간단히 "주님, 도와주세요" 하고 급히 도움을 청하기도 하고, 어떤 때는 한두 시간 정도 나의 마음을 하나님께 쏟아 놓으며 하나님께서 말씀하시기를 인내로 기다리기도 합니다. 그러면 아버지 하나님께서는 넘치는 은혜로 내게 채워 주십니다.

소망을 키우기 위해 우리가 해야 할 두 번째 일은 **소망을 위하여 기도하는** 것입니다. 당신 안에서 소망이 넘치도록 기도하십시오. 그리고 다른 사람들에게 당신을 위해 기도해 달라고 부탁하십시오. 소망을 주시는 분은 하나님이시기 때문입니다. 하나님께서는 우리에게 인내와 안위와 기쁨과 평강을 주사 "성령의 능력으로 소망이 넘치게"(로마서 15:13) 하시는 분입니다.

셋째로, 우리는 소망이 자라도록 하기 위하여 **열심히 힘써야** 합니다. 다른 사람들을 돕는 일에 부지런해야 하며, 위대한 믿음의 선배들을 본받는 일에 부지런해야 하며, 믿음의 경주를 계속하는 일에 부지런해야 합니다. "하나님이 불의치 아니하사 너희 행위와 그의 이름을 위하여 나타낸 사랑으로 이미 성도를 섬긴 것과 이제도 섬기는 것을 잊어버리지 아니하시느니라. 우리가 간절히 원하는 것은 너희 각 사람이 동일한 부지런을 나타내어 끝까지 소망의 풍성함에 이르러, 게으르지 아니하고 믿음과 오래 참음으로 말미암아 약속들을 기업으로 받는 자들을 본받는 자 되게 하려는 것이니라"(히브리서 6:10-12).

나는 욥기에 "소망"이라는 단어가 16번 사용된 것을 발견하고 깜짝 놀랐습니다. 욥은 끝까지 소망을 잃지 않고 굳게 붙잡았습니다.

넷째로, 소망은 고난을 통하여 성장하며, 아름답게 다듬어집니다. 로마서 5:1-5을 천천히 주의 깊게 읽으십시오.

> 그러므로 우리가 믿음으로 의롭다 하심을 얻었은즉 우리 주 예수 그리스도로 말미암아 하나님으로 더불어 화평을 누리자. 또한 그로 말미암아 우리가 믿음으로 서 있는 이 은혜에 들어감을 얻었으며, 하나님의 영광을 바라고 즐거워하느니라. 다만 이뿐 아니라 우리가 환난 중에도 즐거워하나니, 이는 환난은 인내를, 인내는 연단을, 연단은 소망을 이루는 줄 앎이로다. 소망이 부끄럽게 아니함은 우리에게 주신 성령으로 말미암아 하나님의 사랑이 우리 마음에 부은 바 됨이니.

고난(환난)은 인내를 낳고, 인내는 연단을 낳고, 연단은 소망을 낳습니다. 고난은 견고하고 원대한 소망을 우리에게 가져다 줍니다.

그리하여 고난은 늘 있어 왔습니다.

한 친구는 고난의 중요성을 이렇게 설명했습니다:

> 주님의 생애와 사역을 깊이 생각하며, 부활의 영광이 있기 전에 십자가의 고난이 있었다는 것을 기억하는 것은 내게 도움이 되어 왔습니다. 승리가 있기 위해서는 반드시 그 앞에 싸움이 있어야 합니다. 성공에 이르는 문은 역경이라고 하는 돌쩌귀 위를 돕니다. 성경에 나오는 성도들을 바라볼 때 우리는 고난이 축복에 선행하는 것을 봅니다.
> 요셉 - 애굽의 총리가 되기 전에 감옥살이를 했다.
> 모세 - 이스라엘 민족의 지도자가 되기 전 40년간 광야에서 살았다.
> 여호수아 - 평화와 번영을 이룩하기 전 가나안 전쟁을 치러야 했다.
> 욥 - 하나님의 복을 받기 전 육체적, 감정적으로 큰 고통을 겪어야 했다.
> 이 외에도 많은 예가 있습니다.

당신 주위에서 삶에 깊이가 있는 사람들을 바라보십시오. 그들은 고난을 겪었습니다. 그리고 이 고난은 연단을 낳았습니다. 그리고 이 연단이 소망을 낳았습니다.

위대한 믿음의 사람 조지 뮐러는 다음과 같이 말했습니다: "하나님께서는 이와 같은 믿음의 시련을 통해 우리 자신들의 믿음이 성장하는 것을 기뻐하십니다. 역경과 장애와 고통과 실패와 슬픔 등에 대해서 우리는 본능적으로 몸을 사리고 피하는 경향이 있지만, 하나님께서는 바로 이것들을 우리의 믿음을 성장시키기 위한 촉진제로 사용하십니다. 하나님의 자녀는 마땅히 그의 믿음을 성장시키기 위해서 하나님의 손길로부터 오는 이러한 시련과 연단을 피하려고 할 게 아니라, 기꺼이 맞아들여야 합니다. 시련, 고난, 역경, 슬픔, 곤궁 - 이 모든 것들이 바로 믿음의 양식입니다."

빛과 이해로 충만하십시오. 소망으로 흘러 넘치십시오. 이를 통해 우리가 얻을 상급은 치러야 할 대가보다 훨씬 많습니다.

사비나, 당신의 본에 대하여 감사드립니다.

적용을 위한 성경공부

1. 시편 25편을 천천히 읽고, 시편 기자가 바라는 것들을 모두 적으십시오.

_____
_____
_____
_____
_____

2. 다음 구절들에 의하면, 우리의 소망의 내용은 무엇입니까?

   가. 사도행전 24:15 _____

   나. 로마서 5:2 _____

   다. 로마서 8:19-21 _____

   라. 로마서 8:23 _____

   마. 골로새서 1:27 _____

   바. 디도서 1:2 _____

   사. 베드로전서 1:13 _____

3. 로마서 5:1-5과 15:4,5,13에 의하면, 우리는 어떻게 이 소망을 얻을 수 있습니까?

   _____
   _____
   _____
   _____

4. 다음 구절에 의하면, 소망은 우리 안에서 무엇을 낳습니까?
   가. 로마서 12:12 _____

   나. 고린도후서 3:12 _____

   다. 골로새서 1:4-5 _____

5. 이 장에서 당신에게 가장 도전이 되었거나 감명을 주었던 말씀을 한 구절 암송하십시오.

14
하나님 자신으로 충만함

우리는 그 구절을 노래로 부르기도 하고, 암송하기도 하며, 가장 좋아하는 구절로서 인용하기도 하며, 그 구절을 사용하여 다른 사람들을 위로하기도 합니다.

그러나, 우리는 진정으로 그 구절을 믿고 있지는 않습니다. "여호와는 나의 목자시니 내가 부족함이 없으리로다"(시편 23:1)라고 말하면서도, 마음속으로는 이 말씀에 무언가를 첨가시킵니다.

우리는 입으로는 "주님께서 저의 목자가 되시오니, 저는 부족함이 없을 것입니다"라고 고백하면서도, 마음속으로는 이어 이렇게 덧붙입니다: "주님께서 저에게 사랑이 많은 남편을 주시면. 물론 건강도 꼭 필요합니다. 제가 원하는 스타일의 생활을 하는 데는 돈이 필요합니다. 그리고…" 덧붙여지는 내용은 한이 없습니다.

주님께서 우리의 목자가 되기를 우리가 원하고 있다는 것은 사실입니다. 그러나, 우리는 이 "첨가되는 내용들"이 없이는 만족하지 않습니다. 리빙바이블은 이 구절을 "주님께서 나의 목자가 되기 때문에 나는 나에게 필요한 모든 것을 가지고 있습니다!"라고 번역하였습니다. 우리는 마음속으로 이렇게 덧붙입니다: "그러나 사실로 말해서, 나에게는 부족한 게 몇 가지 있습니다. 그것들이 있으면 나는 정말로 행복할 것입니다."

시편 145:16에서 다윗이 하나님께 드린 말씀에 대하여 진지하게 생각해 본 적이 있습니까? - "손을 펴사 모든 생물의 소원을 만족케 하시나이다." 아주 놀라운 약속이지요? "모든 생물의 소원"을, 그 소원이 무엇이든지 간에, 하나님께서는 만족케 하신다고 말하고 있는 것 같습니다.

당신은 하나님께서 정말로 그렇게 하신다고 믿습니까? 그러나, 알코올 중독인 남편에게 버림을 받은 나의 친구에 대해서는 어떻게 말하겠습니까? 여러 해 동안이나 가족들을 부양하지 않는 남편을 둔 또 다른 나의 친구에 대해서는 어떻게 말하겠습니까? 다발성 경화증으로 급격하게 약해지고 있는 아들을 둔 부모에 대하여는 어떻습니까? 그들은 행복한 결혼 생활을 원하며, 경제적 필요를 채워 줄 돈을 필요로 하며, 건강한 아들을 원하고 있습니다. 그러나 하나님께서는 그러한 소원들을 들어주고 계신 것 같지 않습니다.

시편 145:16을 깊이 묵상하면서 한 가지 광경이 머리에 떠올랐습니다. 거대한 주먹 하나가 하늘에서 내려왔습니다. 주먹 안에는 온갖 좋은 것들이 들어 있으리라는 생각에, 나는 한없이 상상의 나래를 폈습니다. 드디어 천천히 주먹이 펴졌습니다. 나는 그 속에서 내가 소원했던 모든 것이 나오기를 기대하면서 가슴 졸이며 바라보았습니다. 그러나 그 안에는 아무것도 없었습니다. 다만 손뿐이었습니다!

그러나, 그 다음 순간 갑자기 뭔가 깨달아지는 것이 있었습니다. 하나님께서는 내가 원하는 것들을 채워 주시겠다고 말씀하고 계시는 것이 아니라는 것을 깨달았습니다. 오히려 이 구절은, 하나님의 성품, 하나님의 임재, 하나님 자신이 내가 필요로 하는 전부라고 말하고 있는 것입니다. 하나님 자신이 곧 나의 만족이신 것입니다. 나는 하나님만으로 충분합니다.

나는 몇 발짝 저쪽에 있는 의자에 앉아 책을 읽고 있는 남편을 바라보며 이런 생각을 했습니다: "여보, 전 당신을 얼마나 사랑하는지 모릅니다. 당신과 결혼한 지가 34년이 다 되었는데, 결혼식을 하던 그날보다 전 당신을 더, 훨씬 더 사랑해요. 당신은 나를 만족케 하는 남편이에요." 나는 속으로 웃으며 이렇게 덧붙였습니다: "당신이 바로 제가 필요로 하는 모두예요."

내가 여기서 말하고자 하는 진정한 의미는 무엇입니까? 남편이 나의 물질적 필요를 언제나 채워 주었다는 의미입니까? 아닙니다. 경제적으로 어려울 때도 있었습니다. 남편이 늘 나의 감정적 필요를 채워 주었다는 말입니까? 아닙니다. 그렇지 않은 때도 있었습니다. 특히 남편과 오랫동안 떨어져 있어야 했을 때는 말입니다.

내가 여기서 진정으로 말하고 있는 바는 남편은 한 인간으로서, 한 남성으로서, 한 남편과 동반자로서 내 마음을 깊이 만족시켜 주는 사람이었고, 지금도 그렇다는 것입니다. 남편은 완전하지 않습니다. 나도 역시 완전하지 않습니다. 그러나, 남편은 나에게 큰 기쁨과 위로와 안정을 주는, 하나님께서 주신, 세상에 단 하나밖에 없는 사람입니다. 그의 성품이, 그의 사람

됨이 나를 만족케 합니다. 그가 나에게 주는 어떤 것이 아니라, 남편 자신이 나를 만족케 합니다.

하나님이 누구십니까? 우리가 하나님께 우리 자신을 온전히 열 때 하나님의 성품이 우리를 완전히 만족케 할 것입니다. 그렇다고 우리가 그 "첨가되는 내용들"을 소유하기를 하나님께서는 원하지 않으신다는 말이 아닙니다. 하나님께서는 다양한 보너스들로 우리를 기쁘게 하기를 원하십니다. 그러나, 이 첨가되는 내용들, 즉 보너스들은 단지 **부가적인 것들**에 불과합니다. 그것들은 우리가 기쁨, 평화, 소망, 이해, 기타 우리가 충만해져야 할 요소들로 충만해지는 데 있어서 필수적인 것들이 아닙니다.

우리가 하나님 자신으로 충만해 있다면, 심지어 기쁨, 평화, 소망 등도 그 부산물인 것입니다. 그것들은 우리 안에 하나님께서 계신 결과인 것입니다.

그러므로, 우리의 초점을 하나님께 맞추어야 합니다. 계속 하나님 안에 거하기를 바랍니다. 우리의 힘, 기쁨, 평화, 소망, 이해는 하나님으로 말미암습니다.

하나님 자신으로 **차고 넘치는 삶**을 살기 바랍니다.

본 출판사의 서면 허락 없이는 본서의 전부 또는
일부의 무단 복제, 또는 원문에 대한 무단 번역을 금합니다.

차고 넘치는 삶

초판 1쇄 발행 : 1988년 8월 12일
개정 1쇄 발행 : 1999년 10월 25일
개정 2쇄 발행 : 2011년 6월 1일

펴낸곳 : 네비게이토 출판사 ⓒ
펴낸이 : 조 성 동
주소 : 120-600 서울 서대문 우체국 사서함 27호
120-836 서울시 서대문구 창천동 497
전화 : 334-3305(대표), 334-3037(주문), FAX : 334-3119
홈페이지 : http://navpress.co.kr
출판등록 : 제10-111호(1973년 3월 12일)

ISBN 978-89-375-0148-7 03230